성품의 리더가 세상을 바꾼다

성품의 리더가 세상을 바꾼다

초판 1쇄 펴낸 날 ┃ 2006년 4월 5일
초판 5쇄 펴낸 날 ┃ 2009년 6월 5일
개정판 1쇄 펴낸 날 ┃ 2010년 4월 5일
개정판 3쇄 펴낸 날 ┃ 2013년 9월 10일

지은이 우수명 ┃ 펴낸이 우수명
등록번호 제 129-81-80357호 ┃ 등록일자 2005년 1월 12일
등록처 경기도 고양시 일산구 장항동 578-16 나동 ┃ 발행처 도서출판 NCD

값 10,000원
ISBN 978-89-5788-137-8

도서출판 NCD
주소 ┃ 서울시 강남구 역삼동 641-17 한라빌딩 4층
주문 ┃ 영업부 ┃ (일산) 031-905-0434, 0436 팩스 031-905-7092
본사 ┃ 편집부 ┃ (강남) 02-538-0409, 3959 팩스 02-566-7754
한국 NCD ┃ 지원 · 코칭 ┃ 02-566-7752 팩스 02-566-7754
NCD몰 ┃ www.ncdmall.com

- 잘못되거나 파손된 책은 구입하신 서점에서 교환해 드립니다.
- 본문에 인용된 성경 구절은 개역 개정판을 따랐습니다.

- 종이 씨그마페이퍼 출력 대산아트컴 인쇄 보광문화사 제책 국일문화사

교회를 건강하게 성장하도록 돕는 도서출판 NCD

도서출판 NCD는 '자연적으로 성장하는 더 좋고 많은 교회 번식 운동'을 펼치고 있는 한국
NCD와 크리스천코칭센터 및 이와 관련된 기관들의 사역을 문서로 지원하는 출판사입니다.
한국 NCD는 현재 전 세계 6대주 66개국 10,000교회 4,200만 자료로 검증된 설문 조사 자료를
토대로 하여 한국에서 8가지 질적 특성을 중심으로 교회의 건강을 진단할 뿐만 아니라 더 많은
교회들이 건강하게 세워질 수 있도록 지속적으로 자료 및 도구 제공, 훈련, 세미나, 컨설팅, 코치
사역, 세계 선교, 지역 및 정보 네트워크를 통해 사역하고 있는 국제적인 전문 사역 기관입니다.

성품의 리더가 세상을 바꾼다

우수명 지음

NCD

추천사

"이 책은 자녀에게 좋은 성품을 갖춘 리더십의 자질을 어떻게 심어 줄 것인지를 보여 준 훌륭한 안내서이다. 모든 부모들이 읽어야 할 필독서이다. 자녀를 사랑한다면 이 책을 통해 좋은 성품을 심어 주라. 자녀가 성공하기를 원한다면 자기절제와 자기훈련을 가르치라. 하나님은 결국 겸손한 사람을 높이신다."

이기복 교수

햇불트리니티 신학대학원 교수, 《성경적 부모 교실》의 저자

"세상을 변화시킬 수 있는 창의성과 영향력을 끼치는 리더십의 근원은 성품이다.

그 성품을 건드리지 못하고 있는 한국교육의 딜레마를 극복한 자녀교육의 핵심과 노하우가 이 책에 있다. 일시적 탁월함이 아닌 지속적 리

성품의 리더가 세상을 바꾼다

더십을 가진 아이로 키우고자 하는 모든 이들이 꼭 읽어야 할 탁월한 책
이다."

김인환 목사
《사춘기를 알면 자녀의 성공이 보인다》의 저자, 지구촌교회 목사

"성품 좋은 자녀로 양육하는 비법을 하나님의 말씀으로 증명한 가
장 훌륭한 책이다. 특별히 성품을 '어떻게' 훈육해야 하는지에 대한 명
확한가이드라인을 제시해 주는, 부모가 읽어야 할 최고의 책이다. 0-12
세 때 부모의 훈육이 인생의 성공을 결정하는 시기이므로, 결정적 시기
를 놓치지 않는 지혜로운 부모는 반드시 이 책을 선택할 것이다."

김정순 목사
두란노키즈 편집장, 온누리교회 예꿈 총괄 사역자

"하나님께서는 우리 자녀들이 지혜로운 리더로 성장하길 바라신다.
《성품의 리더가 세상을 바꾼다》에 소개되는 리더의 덕목들은 우리 자녀
들을 제2의 요셉과 다니엘과 같은 지혜로운 리더로 성장시킬 수 있는 좋
은 길잡이가 되어 준다. 하나님은 언제나 우리 자녀와 함께하신다는 것
을 잊지 말고, 이 책을 통해 자녀들을 하나님의 가능성으로 한층 더 성장
시키길 기대해 본다."

박은희 집사
《어머니의 기도가 빚어낸 하나님의 가능성》의 저자

본서에 쏟아진
찬사

많은 '천재 만들기식'의 책과는 다르게 성품을 강조하고 있는 이 책….
요즘 교육에 대해 관심을 많이 갖게 되면서 읽게 된 책이다. 그리스도인으로서 아이를 어떻게
양육해야 하는지 바른길을 제시해 주고 있다. 앞으로 우리 아이가 커서 성품이 훈련된 아이, 다
른 사람을 섬기는 리더로 성장해 주길 바라면서 여러 가지 교육열 앞에 멈춰서 하나님 바라보
기에 힘써야겠다는 다짐을 하게 해 주는 책이다.

여지희

어렵게 생각하면 한없이 어려운 자녀교육, 나같이 미성숙한 사람
에게 보내 주신 귀한 자녀들을 어떻게 키워야 하나 막막해질 때, 의지할 분은 오직 주님이시다.
이 책에는 성품훈련을 왜, 누가, 어떻게 해야 하는지에 대해 깔끔하게 정리되어 있다. '세상을
바꾼다'는 표현이 거대하다 싶기도 하지만, 하나님의 능력을 덧입은 한 사람이 세상에서 선한
영향력을 펼치면 세상을 바꿀 수 있으니 맞는 말이란 생각이 든다.
　　이 책은 가장 권위 있고 능력 있는 하나님 말씀에 기초를 두고 성품을 훈련하는 방법을
알려주어 현대의 인본주의, 자녀중심 문화(친구 같은 부모라든가 자녀와 타협해야 한다는 등)의 잘
못된 가치관에 현혹되지 않고 성경의 원칙을 자녀훈육에 성실히 적용할 것을 권하고 있다. 뒤
편에 성품훈련의 실천 사례들도 담아 현실적으로 많이 참고할 수 있게 했다.

성품의 리더가 세상을 바꾼다

큰애가 돌 즈음 되었을 때 선물받아 일독한 책인데, 아기가 어느 정도 크고 말이 통하면서 고집도 점점 세지는 요즘 다시 펼쳐보게 되는 책이다. 개괄적인 개념과 함께 실천 가능 사항들이 조화를 이룬, 알밤처럼 속이 꽉 찬 좋은 책이다. 자녀와 부모가 함께 하나님 앞에 신의 성품에 참예하는 자로 서는 것…. 이것은 정말 아름답고 복된 모습일 것이다.

이세원

와우! 정말 내가 그동안 알지 못한 리더십을 잘 가르쳐 주고 있어서 다른 사람에게 추천한다. 리더를 꿈꾸는 사람이라면 반드시 읽었으면 하는 바람이 있다. 특별히 시중에 리더십에 관련되어 많은 책들이 있는데, 그런 책들도 나름대로의 특징이 있겠지만, 이책은 다른 책들이 알지 못하는 부분을 잘 다룬 것 같다. 성품에 관련되어 자기 자신에 대한 인격을 다루어 신선하게 다가왔다.

임상문

성품에 대한 전과라고 생각될 만큼 자세히 나와 있어 너무 만족한다. 성품훈련의 이유와 방법들이 자세히 나와 있음에도 쉽게 읽을 수 있도록 분량이 적당하여 더욱 좋았다.

목옥균

네 살 된 아이를 둔 엄마로 먹이고 입히는 일뿐 아니라 부모로서 어떻게 교육해야 할지 고민하던 중 알게 된 책이다. 성품훈련으로 아이의 세 살 적 버릇을 평생 동안 바르게 해 주어야 함을 알게 되었다. 아이와 함께 있어 집중해서 읽지 못할 때도 있었지만 청년까지 어떻게 훈육해야 하는지 단계별로 나와 있어서 두고두고 자세히 읽어 볼 생각이다.

정현주

성품과 인격의 중요성을 잘 보여 준 책이다. 미국의 기독교 교육과 홈스쿨링을 돌아보며 지식교육보다 성품을 먼저 가르치는 것이 얼마나 중요한지를 깨닫고 부모가 자녀들을 직접 성품을 훈련하고 가르칠 것을 역설하고 있다.

특별히 저자는 성품교육을 중점적으로 지도하는 기독교 대안학교인 글로벌리더십국제학교를 설립하고 학생들을 지도한 바 있다. 책의 후반부에는 실제로 성품훈련을 행한 가족의 성공적인 적용사례가 나와 있어 많은 도움이 된다.

아이를 키우면서 매일 실랑이를 한다. 지금은 혼도 내고 달래기도 하면서 교육하며 함께 시간을 보내지만, 시간이 지나면 나는 나대로 바쁘고, 아이들은 훌쩍 커버려서 제대로 훈육할 시간을 놓치게 될까 봐 염려된다. 이 책 내용을 모두 적용하기는 어렵겠지만, 균형을 잡고 우리 아이들에 대한 뜨거운 관심으로 교육하는 지침서로 삼을 것이다.

조용석

진정한 리더는 어떠한 사람인가? 바로 성품의 리더가 아닐까 싶다. 외형적인 면을 보고 우리는 리더를 판단하는 경우가 종종 있다. 그러나 진정한 리더는 성품이 잘 닦인 사람임을 이 책을 통해 알 수 있다. 성품이 잘 닦인 사람은 분명히 이 시대 가운데 영향력을 줄 수 있는 사람일 것이다. 이 책은 어떻게 하면 성품의 리더가 될 수 있는지 자세히 설명하고 있다.

이승현

책 제목이 너무 마음에 든다. 평소에 지식보다는 성품이 먼저 하나님의 형상으로 변화되어야 하나님이 쓰시는 그릇이 된다고 믿고 있기에, 이 책에서 성품을 변화시킬 수 있는 구체적인 항목을 다루고 있어서 좋았다. 내 자녀를 대안학교에 보낼 수 있는 상황은 아니지만, 이 책의 내용을 참고하여 실천하며 적용해 보고 싶다.

이양숙

아이를 어떻게 키워야 하는지 고민하던 중에 만난 책이다. 길게 서술하지는 않았지만 정말 부담 없이 하나하나 생각하면서 읽을 수 있었다. 자녀가 초등학교에 다니기 시작하면서 항상 고민되는 것이 우리나라 제도교육의 현실이 뻔한데, '나는 무엇을 할 것인가'라는 것이었다. 그러면서 생각한 것이 비전과 리더십이라는 부분인데, 실력 있는 리더는 많지만 인격적인 리더는 많지 않은 현실 속에서 내 자녀에게 어떤 성품을 키워 주어야 하는지 하나의 실마리를 얻을 수 있었다.

이정우

그리스도인 부모로서의 책임이 막중함을 다시 한 번 느낀다. 하나님의 성품으로 순종훈련, 인내, 용기, 경청을 계발하여 그리스도를 닮아가고 하나님을 기쁘시게 하는 아이로 자라며, 하나님의 영광을 위해서 크게 쓰임받게 해야 한다. 하나님이 주신 양심의 소리를 듣고 생각, 말, 행동, 태도를 통제하며 재능을 발견하고 선한 일을 위해 사용한다. 아이들의 기본적인 필요는 채워 주되 이기적인 마음은 통제할 수 있도록 의도적으로 훈육한다. 성품훈련으로 아이들이 성숙한 인격으로 자라나게 하고 하나님의 거룩한 백성이 되게 한다.
이 책을 통해 인생의 나이 단계별 훈육방법을 구체적으로 알 수 있어서 도움이 되었다.

성품의 리더가 세상을 바꾼다

후속편에서는 실제 생활에서 어떻게 적용해야 할지를 좀 더 자세하게 설명해 주었으면 좋겠다는 생각이 든다.

김분희

재미있고, 참신한 책이다. 21세기의 새로운 리더상으로 성품의 리더를 제시하는 것과 이러한 성품의 리더를 키우기 위한 방법들을 쉽고 흥미 있게 잘 저술한 듯하다. 또한 '순종'에 대한 저자의 확고한 신념과 교육방법은 가장 인상 깊은 부분 중의 하나다. 친구로서의 부모상이 아닌, 권위 있는 부모상을 제시하고 있는 부분이 시대를 거스르는 듯하면서도 어느 정도 공감을 갖게 하는 부분이다.

윤충현

'성품의 리더가 세상을 바꾼다'는 문구는 이 시대를 살아가는 우리들이 기억해야 할 말이 아닐까 싶다. 좋은 태도를 가진 자가 좋은 위치에 서게 되는 것은 진리라고 여겨진다. 그런데 좋은 태도를 취하기 위해서는 좋은 성품이 필요하며, 준비되고 양육되어야 한다고 생각된다. 이 책은 어떻게 자녀들을 좋은 성품으로 양육할 것인가를 설명하고 있다.

이 책을 통해서 이 땅에 좋은 성품을 가지고 좋은 태도를 가진 훌륭한 리더들이 나와 세상을 바꾸는 은혜가 있기를 소망해 본다.

임찬희

이 책을 통해 성품의 리더가 무엇을 하는 사람인지, 또한 누가 인생을 주님께 맡기며 변화된 사람으로 살아갈 수 있는지를 보았다.

이 책을 통해서 마음을 새롭게 하고, 주님께 자신의 인생을 드릴 때 인생이 달라진다는 것을 알 수 있었다. 이 시대는 권위적인 리더가 아닌 섬김의 리더가 쓰임을 받으며, 진정한 섬김의 리더는 성화된 생애를 살아갈 때 가능하다고 말하고 있다.

김정식

이 시대는 리더를 요구한다. 한 공동체의 운명이 리더에게 달려 있기 때문이다. 하지만 아무나 리더가 되는 것은 아니다. 좋은 리더, 많은 사람들을 좋게 할 수 있는 리더가 되어야 한다. 이 시대의 리더에게 무엇보다 필요한 것은 리더의 기술이 아니라 리더의 자질이다. 좋은 성품을 가지고 리더로서의 사명을 감당하는 것이다. 특히 크리스천 리더들이 좋은 성품으로 이 세상을 잘 이끌어갈 수 있기를 희망한다.

김정환

성품에 관해 다시금 생각하는 계기가 됐다. 정말 앞으로의 시대는 성품의 리더가 절실히 요구된다고 생각한다. 우리 아이를 위해 구입했지만, 지금은 나를 돌아보며 읽고 있다. 무엇보다 아이에게 부모인 나의 성품이 절대적인 영향력을 미치기 때문이다.

적어도 가정에서는 부모가 리더 아닌가? 가정의 리더로서 우리 아이의 좋은 성품을 위해 노력하고 또 노력할 것이다. 우리 아이들이 탁월한 리더로 세워지기를 간절히 소망한다.

정득영

이 책을 받자마자 읽었다. 부모로서 성품교육을 어떻게 해야 할지 고민되었기 때문이다. 양육에 있어서는 역시 부모가 먼저 태도를 바꾸고 인내해야 함을 보게 된다.

정인영

시대가 지날수록 점점 성품을 강조하게 된다. 왜냐하면 다른 것은 노력하면 쉽게 얻어질 수 있지만, 성품은 하루아침에 이루어지는 것이 아니기 때문이다. 개인적으로 이런 면이 부족하기 때문에 더욱 관심을 갖고 노력하고 있는 입장이다.

믿음이 있어도 성품이 좋지 않은 사람보다 믿음이 약해도 성품이 괜찮은 사람이 더 가능성 있는 사람이다. 성품의 리더 한 사람이 엄청난 일을 이룰 수 있고, 그 리더로 인해 선한 영향력이 미치기 때문이다. 앞으로도 성품 좋은 리더는 더욱 절실하게 요구되리라 본다.

손순애

이 시대에 리더는 많은데 성품이 좋은 리더는 얼마나 있는가? 내 자녀와 내 제자들이 성품이 좋은 리더로 성장할 수 있다면 얼마나 좋겠는가? 이 책을 통해 아이들을 성품의 리더로 세우기 위해 도와줄 수 있는 부분을 발견해서 좋았다. 더불어 양육하기 위해 기도할 때 내 성품도 다듬어져 감을 느껴서 더욱 유익했다. 이 책이 현장경험이 물씬 풍기는 내용이어서 좋았다.

이제 부모로서 아이에게 본이 되는 모습으로 변화하고 늘 하나님께 나아가 기도하며, 자녀를 성품의 리더로 양육할 수 있을 것 같다. 성품이 좋은 탁월한 리더가 많아질수록 우리나라의 미래는 더욱 밝아질 것이다.

최요섭

우리나라의 교육열은 세계에서 단연 으뜸이다. 그러나 어쩌면 우리는 이제까지 잘못된 교육을 하고 있었는지도 모른다. 얼마 전, 내가 살고 있는 집 근처에서 끔찍한 사고가 있었다. 중학생 아이들이 자신의 동년배를 묻어버린 사건이 발생했다. 지식의 확장만을

가져온 결과인 것 같다. 그에 대해 이 책 《성품의 리더가 세상을 바꾼다》가 많은 부모들에게 좋은 지침서가 될 것이다. 특히 이 책에서는 자녀 교육의 목표를 성숙한 크리스천으로 키우기 위함임을 강조하고 있다. 성숙한 크리스천이 되는 것, 바로 그것이 이 땅을 변화시키는 방법이다.

서영범

제목이 너무 마음에 들어서 샀는데, 내용을 보니 자녀를 둔 부모는 꼭 읽어야 할 책 같다. 나는 아직 부모가 되지 않았지만, 아이들을 가르치는 직업을 갖고 있어서 아이들에게 주님이 원하시는 바른 성품을 얼마나 잘 가르치고 있는지 반성해 보는 귀한 시간이 되었다.

무엇보다 감사한 것은 아직 부모가 되지 않아서 아이들을 양육하는 데 어떻게 해야 하는지 알게 되어서 좋았다. 나중에 가정을 이루면 신랑과 함께 주님이 주신 귀한 아이를 이 땅을 변화시킬 수 있는 멋진 리더로 키울 수 있도록 지금부터 기도한다.

김희경

무한 경쟁의 시대에 그래도 필요한 것은 인격적인 성품으로 하나님의 영광을 드러내는 삶이다. 인격적으로 준비된 사람은 하나님께 쓰임받기 쉽다. 이 책은 부모들의 필독서이다.

조태성

성품의 중요성에 대해 다시 한 번 생각하며, 성품에 대해 쉽게 다가갈 수 있는 책이다. 바른 성품의 아이로 키우고 싶은 이때에 일반 자녀양육서보다 많은 도움이 되었던 책이다. 앞으로 성품 관련 책을 읽을 때, 그 기반이 될 수 있는 책이라고 본다.

송정은

이제 앞으로 펼쳐질 세상은 실력도 중요하지만 무엇보다도 인격이 중요하다는 사실을 성경을 통해, 그리고 주위에서 일어나는 일들을 통해서 알 수 있는 것 같다. 성경에서 말하는 열매라는 것은 그리스도인의 삶에 나타나는 그리스도의 성품이라는 것을 알았다.

조성용

영성이 탁월할지라도 인격과 예의가 제대로 갖춰지지 않으면 하나님의 일을 제대로 하지 못하는 경우를 보게 된다. 인격이 하루아침에 완성되는 것이 아니니, 어릴 때부터 가르치는 부모의 가르침이 절대적인 것 같다. 따라서 나는 부모로서 내가 아이에게 하나님 말씀대로 사는 본을 보이며 기도를 통하여 주님의 마음을 심어 주어야겠다는 소명의식을 갖게 되었다. 겸손한 자를 주님이 높여 준다고 하셨으니, 말씀을 제대로 가르쳐, 주님이 친히 리더로 세워 주시는 아이로 양육해야겠다.

진난영

모든 부모의 바람은 자녀들이 탁월한 삶을 살게 되는 것이다. 다른 사람들에게 영향력을 미치는 사람이 되기를 바라지, 다른 사람들의 도움을 받으며 살아가는 것을 원치 않는다. 그러나 정작 자신들의 기대만큼 자녀들을 양육하고 있는지는 의문이다. 세상 교육을 통해 우수한 성적을 거둘 수 있는 지원은 아끼지 않으면서 정말 중요한 신앙교육은 등한시하는 것이 오늘날 대한민국 부모들의 현주소이다. 자기 자녀가 어떻게 생활하고, 어떤 것에 관심을 갖고 있는지에 집중하지 않으며, 성적이 어느 정도고, 어느 대학을 갈 수 있는지에 더욱 많은 관심을 갖고 있음을 부인할 수 없을 것이다.

알고는 있지만 정작 현실에 타협할 수밖에 없는 안타까운 시대를 살고 있다. 그러나 하나님을 믿는 자들이 하나님을 믿는 믿음을 보여 주게 된다면, 안타까운 일이 많은 이 시대 가운데 하나님의 영광을 드러낼 수 있을 것이다. 이 책을 통해 하나님의 자녀들로 시대를 변화시킬 수 있기를 소망해 본다.

전상규

아이를 둘이나 키우다 보니 자녀양육서에 관심이 많다. 일반 자녀양육서도 읽어봤지만 기독교와 안 맞는 부분이 조금씩 있었다. 그래서 갓피플에 부모필독서로 올라온 이 책을 당장 구매하여 읽었다. 읽으면서 '우리 아이들이라고 반기문 총장이 되지 말란 법 있나? 기도로 열심히 키우자' 라는 비전이 생겼다.

이선미

이 세상을 다스리고 정복할 나의 자녀를 성품의 리더로 키우고 싶다. 성품훈련을 통하여 자녀를 제자 삼을 수 있고, 진정한 리더로 세울 수 있음을 배웠다. 순종해야 할 대상이 누구인지, 어떻게 순종하며 믿음의 삶을 살 수 있는지 부모의 양육과 가르침이 우리 자녀를 승리하게 할 것이다.

고은희

'영재교육, 조기교육' 이란 말은 들어봤지만, 성품교육이란 말은 이 책을 통해 처음 듣게 되었다. 지금까지의 내 양육 태도를 돌아보게 되었고, 성품훈련이 얼마나 중

요하고 절실한지도 알게 되었다. 말끝마다 "싫어! 싫어!"를 외치던 우리 아이, 요즘 들어 순종훈련을 하면서 조금씩 순종적인 아이로 변화되어 가는 모습을 보며 자녀 문제로 고민하는 부모님들께 이 책을 추천하고 싶다.

우혜영

홈스쿨을 하면서 제일 먼저 성품훈련에 관해 준비하려고 이 책 저 책 살펴보고 있는데, 이 책이 많은 도움이 되었다. 성품에 대한 정의와 실천에 대해 자세히 나와 있어 참 좋았다. 더 구체적인 방법과 훈련 내용에 대한 내용을 기대한다.

박수현

아이가 내년에 초등학교 입학을 앞두고 있어 이런저런 생각이 많다. 역시 크리스천에게는 하나님 말씀이 우선이라는 것을 확인하며, 스스로 다짐하게 하는 책이다. 자녀교육에 대한 고민이 어느 정도 해결되었다.

이제헌

리더가 된다는 것은 참으로 어려운 것 같다. 특히 성품의 리더가 된다는 것은 쉽지 않다. 능력이 뛰어난 탁월한 리더보다 성품의 리더가 오히려 그 모임을 더욱 강건하고 아름답게 하는 것 같다. 리더십이 부족한 나에게 이 책은 하나님이 주신 리더십이 무엇이며, 성품이 어떻게 변해야 하는지에 대한 귀한 깨달음을 주었다. 나도 예수님 같은 성품의 리더가 되고 싶다.

명가은

부모라면 누구나 자녀가 사회에서 리더의 역할을 하기를 원한다. 이 책은 자녀를 탁월한 리더로 양육하기 위한 중요한 요소로 성품을 제시하며, 그 성품을 올바르게 훈련하며 코칭해 줄 때 참된 리더십을 가진 자녀가 된다고 말한다. 부모라면 누구나 갖고 있는 자녀의 미래에 대한 소망을 채워 주는 책이다.

배순용

개정증보판을
내며

　　부모에게 있어 빠질 수 없는 화두는 언제나 자녀교육이다. 부모가 자녀에게 줄 수 있는 최고의 축복은 시대를 읽는 눈과 깊고 넓게 사고하는 힘을 길러 주는 일이 아니겠는가. 세계적인 안목과 통찰력을 지닌 사람으로 성장시키는 경쟁력의 기본 토대는 성품이다. 어릴 때부터 아이의 해맑은 눈동자 속에 사랑과 기도로 성품의 싹을 심어 주어야 한다. 성품을 심어 주면, 성공은 따라온다.

　　그동안 《성품의 리더가 세상을 바꾼다》를 읽은 독자들로부터 하나님 나라 가치에 맞게 자녀교육을 함에 있어 성품훈련에 많은 도움을 받았다는 피드백을 받으며 다음 책을 집필할 수 있는 힘과 용기를 얻었다.

개인적으로 경희대학교 경영학 박사과정을 밟고, 아시아코치센터(ACC)와 도서출판 NCD의 대표로서, 국제 인증 코치(PCC)로 활동하며 차세대 리더를 키우는 일에 집중하다 보니, 이 책을 출간하고 5년이라는 시간이 훌쩍 흘렀다. 기독교 세계관으로 자녀를 교육하고, 대안학교나 기독교 학교 등 크리스천 교육자들에게 안내자 역할을 하고자 벅찬 마음으로 글을 쓰던 시간이 주마등처럼 스쳐 지나간다.

10년 전 처음 성품교육에 관심을 가진 이후 한국의 차세대 리더를 세계적인 리더로 양성한다는 목표 아래 목회자 및 비즈니스 코칭에 집중했다. 또한 NCD와 셀사역, 홈스쿨 운동, 대안학교, 코칭 박사를 배출하는 등 많은 새로운 일들을 추진했지만 그때는 아직 한국 사회가 이러한 사항을 받아들일 준비가 되어 있지 않았던 것 같다. 그래서 방향을 약간 바꾸어 지난 5년간 일반사회의 코칭문화 정착과 전문코치 양성에 집중해 왔다. 그 결과 최근 사회적으로 코칭 리더십의 탁월성을 인식하고 기업이나 단체들, 교육계에서 코칭을 배우고 적용하고자 하는 움직임들이 활발하게 나타나고 있다.

또한 홈스쿨이나 성품 분야에서도 그 필요성을 절감하는 자녀를 가진 부모들이나 교사들을 중심으로 연구와 적용 사례가 늘어나서 최근 몇 년간 꽤 활발해지고 있다는 느낌을 받는다. 이즈음에 다시 성품에 에너지를 모으는 것은 아주 적절한 타이밍이라는 생각이 들었다.

처음 책을 쓸 무렵에 이 내용을 토대로 세계적인 리더가 갖추어야 할 성품훈련 프로그램을 운영하고 관련 도서를 출간할 계획이었다. 그래서 아이들의 성품형성에 가장 중요한 시기인 초등학교 1~6학년의 성품 교재를 만들고, 이를 가르치는 교사와 부모 매뉴얼을 만드는 등 큰 작업을 추진해 왔다. 그리고 현재, 아동과 청소년들이 다양한 성품을 계발하도록 돕는 부모나 교사를 위한 성품 지도자 과정이 이루어지고 있으며 학생용 교재와 스토리북이 발간되고 있다.

크리스천 자녀들이 글로벌 리더십 능력을 갖추도록 돕는 탁월한 방법과 툴들을 만들고자 노력해 온 지난 10년간, 성품과 코칭의 방법이 함께 녹아져 들어간 탁월한 툴들이 만들어졌다. 우리 아이가 글로벌 리더십을 갖춘 인재로 자라기를 바라는 부모들의 열망이 사회 전반에 나타나고 있는 이즈음, 《성품의 리더가 세상을 바꾼다》의 개정증보판을 내게 된 것은 아주 의미 있는 일이다.

본서를 시대 상황에 맞게 다듬고 각 장을 시작하기 전 기도시를 추가하며, 인간이 갖추어야 할 성품의 기준을 제시한 성경말씀으로 훈육하도록 성경말씀을 강화하였다. 무엇보다 기존 책에서 제시한 열 가지 성품에 이어 '신중함, 결단력, 융통성, 분별력, 자신감, 창의성, 정직, 성실, 겸손, 절제'에 대한 열 가지 성품을 추가함으로써 성품훈련에 대한 보다 충실한 가이드라인을 제시하였다. 또한 자녀의 성격 유형을 파악하여 성품훈련을 하도록 자료를 제공하며, 사랑의

대화법 기술을 추가하였다. 그리고 '성품을 견고하게 하는 부모의 기도'로 각 장을 마무리하는 형식을 띠었다.

　본서가 성품교육을 하고자 하는 부모와 교사, 사역자들에게 가이드라인이 되어 줄 것을 믿어 의심치 않는다. 나는 지난 책에서 후속편에 대한 언급을 하였는데, 5년이 지난 지금에야 그 약속을 지키게 되었다. 이제 이 개정증보판을 시작으로 본격적인 성품 자료와 훈련들을 제공하려고 한다. 이미 그 작업이 완성되어서 필요로 하는 이들이 빠른 시일 내에 이 도구들을 유용하게 사용할 수 있을 것이다. 이 도구들을 통해 기도하는 가운데 하나님이 주시는 능력을 따라 자녀를 바르게 훈계할 기준과 지혜를 갖게 되기를 바란다.

　아이들은 성품교육을 통해서 자신의 양심의 소리에 귀 기울이고 옳고 그름을 분별하는 능력을 계발하게 될 것이다. 특히 자아 존중감과 자기 통제력은 탁월한 리더십을 발휘하는 중요한 요소인데, 성품 훈련을 통해 생각과 말, 행동과 태도를 조절하는 능력이 커진 모습을 보일 것이다. 부모와 교사들이 관심과 사랑을 갖고 적절한 교육과 훈련을 실행한다면 우리 아이들은 모두 탁월한 성품과 리더십 역량을 갖추고 사회와 인류에 기여하는 세계적인 리더가 될 것이다.

2010년, 봄　우수명

차례

차례

Prologue

세계 무대에서
당당하라

      10년 전 나는 미국에서 한국 청년들을 위해 목회하던 남편과 함께 태평양을 건너 귀국했다. 결혼과 동시에 남편의 사역지인 미국으로 건너갔던 내게는 물론이고, 고등학교 때 미국으로 유학을 떠났던 남편에게도 20년 만의 감격스런 귀국이었다. 한국에서 고등학교를 마치고 일본으로 유학을 떠났던 나도 그랬지만, 중학교를 마치고 한창 부모님의 울타리가 필요하던 고등학교 시절에 미국으로 유학을 떠났던 남편의 마음에도 남다른 꿈이 있었다. 우리 부부의 귀국을 재촉한 꿈은 바로 '세계에서 경쟁할 수 있는 크리스천 리더를 키우자'는 것이었다.

      우리는 둘 다 공부하기 위해 일찍 우리나라를 떠나 세계 무대에

성품의 리더가 세상을 바꾼다

서 세계인들과 실력을 겨루며 강한 훈련을 받았다는 공통점이 있다. 그래서 '세계에서 경쟁할 수 있는 국제 수준의 리더는 어릴 때부터 키워야 한다'는 것에 공감했다. 우리는 하나님께서 기회만 주신다면 반드시 그런 일을 해야겠다고 생각했다.

남편은 미국에서 청년 목회를 하면서 미국 내 소수민족인 우리나라 청년들을 미래의 리더로 기르고자 열과 성을 다했다. 그러나 노력과는 달리 막상 대학에 진학한 그들은 거의 대부분이 하나님과 교회를 떠났고, 우리는 그런 일들을 속수무책으로 지켜봐야만 했다. 왜 이런 일들이 벌어지는지 고민한 끝에 내린 결론은 '가정에서 신앙교육과 성품교육이 제대로 이루어지지 않기 때문'이라는 것이었다.

> "오늘 내가 네게 명하는 이 말씀을 너는 마음에 새기고 네 자녀에게 부지런히 가르치며 집에 앉았을 때에든지 길을 갈 때에든지 누워 있을 때에든지 일어날 때에든지 이 말씀을 강론할 것이며"(신 6:6-7).

하나님은 당신의 자녀를 부모에게 맡기셨는데, 막상 부모인 우리는 아이들을 잘 돌보지 못할 만큼 일에 시달리며 살고 있는 것이 현실이다. 좋은 교육환경을 찾아 머나먼 남의 땅까지 왔지만 생각과는 달리 젊은이들이 정체성을 찾지 못하고 하나님을 떠나 살게 되는 과정을 수없이 지켜보면서, 남편은 청년들을 인도하는 목회자로서 무력감을 느꼈다. 이런 상황에서 우리에게 떠오른 한 가지 생각이 있었다. 어린 나이에 부모와 헤어지고 조국을 떠나면서까지 배우고자 하는 좋은 교육 시스템을 아예 한국으로 가져와서 그대로 실시해 보자는 것이었다.

'한국에서 부모와 함께 국제적인 리더를 키우자.' 이것이 한국으로 올 때 다음 세대를 향한 우리의 비전이었다. 외국에 있으면 모두 애국자가 된다는 말처럼, 나라를 떠나 있으면 우리나라에 대한 소식에 훨씬 더 민감해진다. 나라 안팎으로 벌어지는 눈부신 변화와 각종 사건들을 접하면서, 우리는 국제적인 감각과 능력과 안목을 지닌 하나님의 자녀를 각 분야에 세워야 한다는 생각을 더욱더 굳히게 되었다.

이제 우리 아이들이 살아갈 세상은 더 이상 한국의 국경 안이 아니다. 세계를 무대로 활동해야 하는 이 아이들을 어떻게 세계적인 리더로 키울 것인가? 모든 사람들이 주목하는 글로벌 리더는 어떤 사람인가? 이 질문에 대한 답을 우리는 '성품'에서 찾았다. 국가와 인종을 초월해서 누구에게나 영향력을 미치는 리더는 바로 '성품'의 사람이라는 것을 알게 된 순간 우리 부부는 환호했다.

영국의 교회 음악 작곡가인 존 루터는 "좋은 인격은 탁월한 재능보다 더 칭송받을 만하다"고 말했다. 또한 체스터턴은 이렇게 말했다. "많은 사람들이 세상을 변화시키는 것에 대해서는 생각하지만 자

신을 변화시키는 것에 대해서는 생각하지 않는다."

창조주 하나님은 자신을 닮은 인간을 만드셨고, 아담이 범죄한 이후에도 긍휼을 베푸셔서 구원자 예수 그리스도를 보내 주셨다. 그리고 죄의 때를 벗고 당신의 성품에 참여하라고 초청하신다. 세상은 단 한 사람 아담이 불순종한 결과 타락했고, 또 단 한 사람 예수 그리스도께서 아들로서 하나님 아버지께 순종하신 결과 구원받았다.

인류 역사를 살펴볼 때, 잘못된 가치관으로 인해 세상이 공포와 두려움에 떨게 하며 인류발전을 퇴보시킨 사람들을 볼 수 있다. 대표적인 예로 마르크스, 히틀러 등을 들 수 있다. 그러나 세상은 올바른 가치관을 가지고 이타적인 방법으로 좋은 영향력을 미치고자 기꺼이 자신을 희생한 리더들에 의해 발전하고 성장했다. 한 사람의 리더가 지닌 성품의 영향력은 무척 크다. 이 세상은 하나님의 성품을 가진 리더들이 각 분야에서 영향력을 발휘할 때 비로소 올바른 방향으로 나아가게 된다.

미국은 기독교 신앙 위에 세워진 나라다. 그렇다고 해서 미국의 교육 현실이 마냥 유토피아는 아니다. 공립학교에서 총기난사가 벌어져 학생들이 사망하는 사건도 심심찮게 일어나고, 마약과 신앙의 위기 또한 미국의 다음 세대를 위협하고 있다. 그래서 미국에서 일어난 운동이 바로 '크리스천 홈스쿨링 운동' 이다. 우리나라에서도 최근 몇 년간 학교 체제를 벗어나 홈스쿨링을 하는 가정이 늘고 있다.

홈스쿨링의 내용 또한 다양한데, 특히 우리 부부가 주목하고 한국에 접목시키고자 한 것은 '성품교육을 중심으로 하는 크리스천 홈스쿨링'이었다.

미국의 성품교육을 배우기 위해 미국의 홈스쿨링 가정을 방문했을 때, 우리는 수많은 파워풀한 열매를 보았다. 아이들과 함께 예배 드리고 공부하며 생활하는 부모의 얼굴은 행복해 보였다. 기독교 홈스쿨링의 열매를 가지고 세상에 나아가 빛을 발하는 수많은 이야기들을 들었을 때, 우리 부부는 늦게 얻은 딸을 기르는 방법을 보여 주신 하나님께 감사했다.

우리는 그동안 미국의 기독교교육 전문가를 초청하여 세미나와 캠프 등을 실시하고, 출판물을 통해서 미국에서 진행되고 있는 기독교가정교육의 노하우를 한국에 전파해 왔다. 이러한 우리의 적극적인 활동과 한국 교육이 제 기능을 다하지 못하는 상황과 맞물려서, 현재 한국 기독교계에서 홈스쿨 모임과 대안교육이 빠르게 진행되고 있다. 우리도 그동안 우리가 배우고 경험한 학교시스템의 장점과 기독교 홈스쿨의 장점만을 살려 기독교 국제학교를 세웠다. 그러나 한국에는 지금까지 기독교교육의 핵심을 이루고 있는 하나님 나라 가치의 훈육과 성품교육에 대한 구체적인 매뉴얼이 없고, 또 그러한 교육이 어떤 효과를 보여 주었는지에 대한 사례를 보여 주는 자료도 없다. 그래서 그동안 우리 학교 학부모와 학생들에게 훈련해 온 교육

성품의 리더가 세상을 바꾼다

내용들을 정리하여 책으로 출판하게 되었다.

　이 책은 기독교 세계관으로 자녀를 교육시키고자 하는 모든 부모, 크리스천 리더를 키워내고자 하는 대안학교나 기독교 학교 등의 교육자들에게 안내자 역할을 할 수 있을 것이다. 나는 이 책이 하나님 나라 가치로 자녀를 키우고자 소망하지만 방법을 몰라 고민하는 사람들에게 실제적인 지침이 되기를 희망하며 기획했다. 이 책은 하나님 나라 가치의 성품훈련을 목표로 하는 첫 번째 자녀 교육 매뉴얼이다. 향후 계속해서 세계적인 리더가 갖추어야 할 성품 중에서 가장 중요하고 시급하다고 생각되는 것들, 즉 순종, 경청, 질서, 인내 등과 같은 내용을 주제별로 출간할 예정이다. 이 성품에 대한 책이 모든 크리스천 가정이 성품의 가정으로 세워지고, 그들의 자녀들이 세상을 바꾸는 리더로 성장하는 데 실제적인 도움이 되었으면 하는 마음 간절하다.

2006년, 봄

우수명

하늘에 계신 아버지,
우리 생명의 주님,
어리석게 이 시대의 정신에
현혹된 것을 용서하여 주옵시고,
잘못된 성공의 잣대를 용서하여 주옵시고,
겸손히 당신을 의지하기보다
인간적 승리감에 취한 것을 용서하여 주옵시고,
당신의 말씀 가운데
우리 신학에 꼭 들어맞지 않는 부분들을
회피하는 어리석음을 용서하여 주옵소서.

우리는 이제 겸손히
생명의 주 되신 당신을
전적으로 의지합니다.
당신의 눈으로
잃어버린 세상을 새롭게 보게 하시고
당신의 영으로부터
분별력을 얻게 하옵소서.

당신의 우선순위를 가지고
온전한 복음을 온 세상에 전하는
충성스런 청지기의 책임을 다하는
용기를 주옵소서.

제임스 엥겔 〈갱신과 회복을 위한 기도〉

chapter.1

한국 교육의 딜레마

변하는 사회, 변해야 하는 교육

어느 날, 신문에 실린 중학교 2학년 여학생의 시를 접하고 나는 몹시 마음이 아팠다. 그 시는 현재 한국 교육의 현실을 그대로 대변해 주었기 때문이다. 중학교 2학년이면 열다섯 살이다. 열다섯 살이면 굴러가는 낙엽만 봐도 '까르르' 웃음이 터진다는 나이가 아니던가? 학교 수업이 끝난 후에 친구들과 둘러앉아 이야기보따리를 펼칠 나이에 그 여학생은 '밤 10시 형광등 불빛 아래 칠판으로 향하는 생기 없는 눈' '헤아릴 수 없이 많은 시간들을 학원에서 보내며' 라고 적고 있다. 또 '소설

책의 재미보다 논술공부의 어려움을 먼저 배운 우리'라고 하면서 '누렇게 말라버린 우리의 생각의 나무는 바작바작 마른 잎을 태운다'고 자신의 심경을 토로하고 있다.

우리를 창조하신 하나님께서 주신 소중한 생명을 잃어버리고 마른 잎이 되어 버린 아이들, 친구들보다 앞서기 위해 밤 12시에 학원버스에서 내리는 유령 같은 아이들, 해도 해도 끝이 없는 공부가 지겹다고 자살하는 아이들, 자신과 조금만 달라도 선을 긋고 따돌림 당하는 왕따 문화 안에서 사는 아이들, 어른들의 조직폭력을 닮아가는 학교폭력, 좀더 나은 교육환경을 찾아 떠나는 조기유학, 자녀의 미래를 위해 분투하다가 오피스텔에서 홀로 맞이하는 기러기 아빠의 죽음, 학교를 벗어나는 아이들, 대안학교, 자립형 사립고, 특목고, 내국인 입학이 허용되는 국제학교…. 이 모든 것이 함께 뒤엉켜 있는 모습이 한국 교육의 현실이다.

2006년 우리나라 최대 규모의 학교폭력 연합서클이 서울에서 적발되었다는 기사를 접한 기억이 있다. 94개 학교의 중·고교생들이 연합하여 만든 29개 서클의 회원 수가 무려 307명이나 되었다고 하는데, 이들이 벌인 행태는 성인 조직폭력배들과 다를 바가 없었다. 시간이 흘렀음에도 불구하고 2009년 10월 23일에는 서울 3개 중학교 '싸움 짱' 연합폭력서클이

성품의 리더가 세상을 바꾼다

검거됐다는 기사가 실렸다. 경찰서 관계자는 "학교폭력이 단순 폭력 수준을 넘어 조직적으로 행해지고 있다"며 "학교폭력의 잔족 세력을 뿌리 뽑기 위해 지속적인 단속과 예방 활동을 펼칠 방침이다"라고 발표했다. 그렇지만 2010년 3월 9일에는 청소년을 꾀어 조폭으로 양성한 경기북부 폭력조직 4개파 80명이 경찰에 적발되는 사건이 발생하기에 이르렀다.

한편 한국교육개발원에 의한 초중고교생 조기유학 현황을 보면 1995년에 2천2백59명에서 2005년 2만 4백 명으로 10년 만에, 10배가 늘었다. 2009년 4월에 조사한 가장 최근 자료인 2008년 현황을 보면, 2만 7천3백49명으로 집계되어, 그 기세가 꺾이지 않고 있음을 보여 준다. 그러고도 방학이면 어학연수를 떠나는 아이들 때문에 비행기 표가 없다고 하니 도대체 무슨 일인가? 몸살을 앓고 있는 대한민국 교육의 문제는 무엇인가?

문제의 키워드는 '변화'다. 21세기는 인터넷 혁명의 시기다. 즉, 우리 삶의 토대가 혁명적으로 변하고 있다는 뜻이다.

컴퓨터와 인터넷이 대중화되어 가상공간에서 세계가 하나 되고, 모든 지식과 정보를 공유하는 사회라는 것은 이전의 산업사회와는 전혀 다른 새로운 사회인 것이다. 따라서 그 바탕 위에 살고 있는 우리도 전혀 다른 방식으로 살아야 한다.

인간을 규정하는 특징 중 하나가 도구를 사용한다는 것이다. 도구는 돌도끼와 돌칼에서 시작해 농경사회를 마감하게 하고 기계의 발명을 통해 산업사회를 맞이하게 했다. 그리고 이제 다시 컴퓨터와 인터넷이라는 새로운 도구를 통해 지식정보화 사회로 진입하게 했다. 지식정보화 사회의 특징은 지식과 정보의 공유다. 이제 남들이 알지 못하는 지식과 정보를 선점함으로써 그 지식과 정보를 소유하지 못한 사람들보다 우위를 차지하는 일은 없다. 남들보다 우위를 차지할 수 있는 중요한 능력은 컴퓨터에 들어 있는 정보를 처리하는 능력과 문제를 해결하는 능력이다.

많은 사람들이 교육과정이 자주 바뀌는 것을 불평한다. 그러나 교육을 책임지고 있는 사람들의 입장에서는 변하는 사회에 맞추어 교육과정을 바꿀 수밖에 없는 실정이다. 사회 토대가 바뀌고 우리 사회에서 요구하는 인재상이 바뀌었는데 예전의 교육 프로그램을 그대로 운영할 수는 없는 것 아닌가? 그러나 학교가 수없이 세워지고 의욕 있는 교사들이 충원된다 하더

성품의 리더가 세상을 바꾼다

라도, 또 인터넷 혁명의 시기를 맞아 시골학교까지 최신형 컴퓨터들이 공급되어도 부모들은 만족스러워하지 않는다. 학교의 지침과 틀은 바뀌어도 교육의 현장에서 가르치고 배우는 교사와 학생, 그리고 학생을 이끄는 부모들의 생각이 변하지 않기 때문이다.

새로운 사회가 요구하는 사람

교육은 원래 가정의 몫이었다. 하나님께서 부모에게 주신 역할도 하나님의 자녀를 기르라는 것이었다. 우리나라도 옛날 명문가에서는 집으로 선생님을 모셔서 학문을 익히게 했다. 당시 교육의 기회는 대중에게 열려 있지 않았다. 그래서 그때는 남들이 알지 못하는 것을 아는 것 자체가 힘이 되었다. 그러나 산업이 발달하면서 교육의 기회가 대중에게도 활짝 열리게 되었다. 대중화된 교육은 신분상승의 도구가 되기도 했다. 이렇게 대중화된 교육을 통해 길러내고자 하는 인간상은, 교사가 칠판 가득 적어 놓은 것을 외우고 익혀서 산업사회의 부품으로서의 역할을 감당하는 사람이었다. 그래서 우리는 교사의 절대적 권위에 순종하며, 교사의 농담 한마디라도 놓치지 않고 받아 적어가며 달달 외우는 공부를 했던 것이다.

이제 사회는 다시 한 번 커다란 변화를 겪고 있는데, 이것이 바로 우리가 지금 겪고 있는 인터넷 혁명이다. 위에서 언급했다시피 컴퓨터와 인터넷의 대중화는 이전의 통념들을 모두 뒤집어 놓았다. 이전에는 공부 열심히 해서 명문대만 졸업하면 평생 직장에 취업하여 안정적인 삶을 살 수 있었다. 우리 부모들이 바로 그 시절에 공부한 세대다. 그러나 지금은 국내 명문대뿐만 아니라 세계적으로 유명한 대학에서 박사학위를 받고도 일자리가 없어서 전전긍긍하는 경우가 많다.

또 단순한 업무는 이제 기계가 대신하고 있다. 은행에 현금지급기를 비롯한 컴퓨터 전산시스템이 들어오면서 많은 은행원들이 일자리를 잃었다. 평생직장, 안정적인 직장이라는 말은 사라지고, 개인의 능력에 따른 연봉제가 자리잡았다. 그리고 입사지원서에는 출신학교를 묻는 부분도 점점 사라지는 추세다. 시키는 일만 잘해서는 직장이나 자기 분야에서 살아남을 수 없게 되었다.

그러면 새로운 사회는 어떤 사람을 원하는가? 새로운 사회는 자기주도적인 정보처리 능력과 문제 해결 능력을 갖춘 사람을 원한다. 또 창의적인 안목과 발상, 그리고 국제적으로 통용되는 탁월한 성품을 소유한 리더를 원한다. 이것이 새로운

 성품의 리더가 세상을 바꾼다

새로운 사회에서는 자기주도적인 정보처리 능력과
문제 해결 능력을 갖춘 사람, 게다가 창의적인 안목과 발상,
그리고 국제적으로 통용되는 탁월한 성품을 소유한 리더를 원한다.

사회에서 원하는 인재상이다.

　교육은 이전처럼 정보 차원에서 어떤 것을 알고 있는가 모르고 있는가를 묻는 것이 아니라, '이 문제를 어떻게 해결할 것인가?'에 초점을 맞추어야 한다. 따라서 교육과정은 이런 능력을 갖추도록 변해야 한다. 그러나 불행하게도 우리의 교육현장은 이러한 요구에 대응할 태세를 갖추지 못하고 있다.

　산업사회의 마지막에 태어나 교육을 받은 교사가 인터넷 시대의 아이들을 가르치는 교실의 풍경은 어수선하기 그지없다. 또 산업사회의 끝자락에 매달려 교육받은 부모들은 자신들이 공부한 방식을 고집하며 아이들을 압박하고 있다. 남보다 더 많은 지식을 얻기 위해, 더 유용한 정보를 얻기 위해, 남보다 좋은 점수를 받고, 좋은 학교에 입학하기 위해 학교 수업 외에 학원을 보내고 과외를 시키는 것이 부모의 역할인 것처럼 생각하는 것이 보통의 학부모들이다.

　부모들은 변화된 시스템이 안착되기까지 아이들이 혼란스

러운 과정을 겪어야 하고, 그것이 한 번뿐인 아이들의 인생에
막대한 손해를 끼칠 수 있다는 두려움을 부인할 수 없다. 바로
이러한 것이 부모들로 하여금 어린 자녀들의 교육을 위해 시스
템이 안정된 곳으로 자녀들을 유학 보내거나 함께 떠나는 탈학
교를 선택하게 되는 이유다. 결국 우리 사회도 변하고 교육의
내용도 변하는데, 그곳에 몸담고 있는 주체들의 변화가 그 속

도를 따라가지 못하고 너무 앞서거나 뒤처지는 것이 지금 한국 교육의 안타까운 현실이다.

게다가 아이들은 이런 혼란 가운데 윤리적인 의식이나 성품에 대한 특별한 개념 없이 성장하고 있다. 또한 무기력하게 학교와 학원을 오가는 무미건조한 생활 속에서 아이들은 만성적 스트레스를 파괴적인 언행으로 푸는 것이 하나의 문화로 자리잡았다. 파괴적인 언행은 품행이 나쁜 일부 아이들만의 문제가 아니라 집안의 좋고 나쁨, 기독교인 비기독교인을 불문하고 나라 전체 학생들의 일상생활에 만연된 하나의 흐름이라고 할 수 있다.

이런 학교 문화 속에서 교사와 학생 사이에는 존중감이 사라지고 있다. 아이들은 혼탁한 정치나 사회의 부조리들을 목격하며 자라기 때문에 사회에 대한 책임의식을 회피하려고 한다. 게다가 기독교인들마저 이 땅에서 하나님의 명령을 당당히 실현하지 못하고 신앙인으로서 특별한 영향력을 미치지 못한 채 세태의 흐름에 휩쓸리고 있다.

그러나 고린도전서 6장 2절 "성도가 세상을 판단할 것을 너희가 알지 못하느냐"는 말씀처럼, 기독교인은 세상의 물결에 휩쓸리는 사람이 아니라 스스로 나아가야 할 방향을 판단하며 주도해야 할 사람이다.

미국과 같이 한국의 기독교 대안교육은
신의 성품에 참여하는 '성품교육'이 필수가 되어야 한다.
바로 하나님의 성품을 가진 리더가 세상을 파워풀하게 바꿀 수 있기 때문이다.

진정한 대안은 성품을 갖춘 리더를 양성하는 것

한국은 이제 앞에서 언급한 한국 교육의 안타까운 현실을 개선해 보려는 움직임으로 매우 바쁘다. 10여 년 전부터 대안교육과 홈스쿨링에 대한 논의와 실천이 있었지만, 그때는 이런 교육을 받는다는 것 자체를 편견에 사로잡힌 시각으로 보았다. 학교에서 견디지 못하고 뛰쳐나온 부적응아를 모아놓은 곳이 대안학교라는 인식이 팽배해 있던 시절, 대안학교는 문제아로 낙인찍힌 아이들의 상처와 아픔을 달래 주고, 남들이 평가하는 대로 낙인찍힌 삶을 살아가지 않도록 아이들을 세워 주는 역할을 했다.

거기서부터 시작된 대안교육은 이제 더 적극적인 자세로 아이들에게 새로운 가치관과 세계관을 심어 주는 대안학교로까지 발전하게 되었다. 대안교육은 이제 더 이상 문제를 가진 소수만의 교육이 아니라 실제 공교육의 내용까지 견인해내는

이상적인 교육의 실천의 장이 되었다.

그렇다면 크리스천에게 이 같은 교육 현실을 대신할 수 있는 대안은 무엇일까? 그것은 '하나님의 말씀으로 아이를 양육하는 것'이다. 그러나 크리스천들도 세상의 부모들과 마찬가지로 세상의 흐름에 따라 이 학원 저 학원을 전전하는 것이 현실이다. 많은 크리스천 학생들이 "하나님, 잠깐만요. 대학만 입학하면 다시 올게요"라고 말하며 교회를 등진 채 입시를 치른다. 현실과 하나님을 같은 저울대에 올려놓고 내 편의에 따라 선택하는 것이 크리스천들의 모습이 아닌지 반성해 보아야 한다.

많은 크리스천 아이들은 주일학교에서 성경말씀을 배우지만, 그 실천의 장인 학교에서 생활하는 동안에는 하나님을 뒤로 숨기면서 살아가는 이중적인 삶을 살면서 갈등하게 된다. 왕따 문제와 학교 폭력에 관해서, 또 성적 경쟁에서 크리스천 자녀들이 자유로울 수 있는가? 그렇지 않다. 그들은 이러한 현장에서 '아니요'라고 말하지 못한 채 괴로움조차 잊어버릴 정도로 동화되어 가고 있다.

기독교 대안교육은 이러한 자문에서 시작되었다. 세상을 변화시킬 아이들로 성장시키기 위해서는 아이들을 세상의 논리 안에 놓아두지 않고 하나님의 질서 안으로 데려와야 한다.

이러한 위기의식을 바탕으로 한국에서 자생적으로 일어난 기독교 대안교육과 미국의 홈스쿨링을 도입한 기독교 대안교육이 현재 한국에서 활발하게 진행되고 있다.

나는 남편과 함께 한국에 와서 '한국 NCD'라는 사역단체를 세우고 교회를 돕기 위해 여러 가지 사역을 해 왔는데, 주로 목회자들을 돕기 위한 방법으로 교회를 진단하며 코칭해 주고, 건강한 교회의 기준을 제공하는 책을 출판하며, 세계의 유능한 리더들을 초청해 컨퍼런스와 워크숍을 여는 등 실제적인 훈련들을 실행해 왔다. 많은 훈련들이 목회자나 사역자, 성도들을 위한 것이었는데, 그중에서 다음 세대를 키우기 위한 프로젝트가 기독교 대안교육 및 홈스쿨운동이었다.

미국의 기독교교육 분야에 영향을 미치고 있던 리더들을 초청하여 세미나를 개최하고 그들의 교육법을 배우면서 '하나님께서 한국의 다음 세대를 키우시고 축복하시기 위한 방법이 바로 이것이다'라는 생각에 대한 확신이 생겼다. 남편은 미국에서 목회할 때부터 기독교교육의 귀중함을 알았기 때문에 이것이 한국 기독교교육의 대안이라는 것을 통감하고 있었다. 우리는 한국 기독교교육의 발전을 위해 모델이 될 만한 미국인 가족을 한국으로 초청해 함께 살면서, 성품훈련을 중심으로 한 대안교육을 본격적으로 추진해 나갔다. 또 한편으로는 성품훈

성품의 리더가 세상을 바꾼다

비전트립 일행에게 가정에서 성품교육을 어떻게 실행하고 있는지
설명하자, 많은 사람들이 성공적인 삶에 대한 도전을 받았다

련과 관련된 교재들을 출판함으로써 기독교교육의 중요성을
많은 사람들에게 알렸다.

그러던 중 몇 년 전 뜻을 같이하는 30여 명의 부모와 자녀
들, 목회자들과 함께 미국의 가정을 방문해서 배우는 비전트립
을 떠났다. 미국 방문을 계기로 향후 한국에서 어떻게 기독교
교육을 실행해 나갈 것인지에 대해 명확한 방향을 설정하게 되
었다. 현장에서 경험한 기독교 가정들의 자녀교육은 영향력 있
고 그 열매도 매우 성공적이어서 함께 간 모든 사람들은 큰 충
격을 받았다. 철저히 하나님 나라 가치로 교육받고 하나님의
성품을 훈련받은 자녀들이 행복하고 성공적인 삶을 살고 있는

현장을 목격한 것이다. 2주간의 비전트립을 마치기도 전에 참가한 대부분의 가정들이 아이들의 교육방법을 바꾸기로 결심했다. 아이들도 스스로 자신의 비전과 공부, 인생의 목표를 바꾸었다. 함께 간 대부분의 아이들이 "엄마, 저도 홈스쿨링 하고 싶어요"라며 자신의 부모에게 홈스쿨링 할 것을 간청했다. 결국 이때 함께 비전트립을 갔던 거의 모든 가정들이 성품훈련을 중심으로 하는 홈스쿨링을 시작하게 되었다.

철저하게 하나님 나라 가치 안에서 성품훈련을 받으며 자란 자녀들은 미국 사회의 각계각층에서 역량 있게 활동하며 사회에서 지도자로서 폭넓게 영향력을 미치고 있다. 청교도들이 시작한 성경에 입각한 기독교교육의 뿌리는 오늘날까지 미국 사회의 확고한 근간을 이루고 있다. 청교도들의 후예는 하나님 나라의 가치 원리로 작동되는 나라를 이루고자 미국을 개척한 지 300년이 지난 오늘날까지 변함없이 철저하게 하나님 나라 가치와 탁월한 성품으로 무장하고 사회의 주류를 이루고 있다. 그들이 바로 미국이라는 나라를 파워풀하게 성장시키는 원동력이 되고 있는 것이다.

나는 그때 미국 가정들을 방문하면서, 앞으로도 '다음 세대들이 청교도 정신을 이어받는 한 이 나라는 계속적으로 세계를 이끄는 주도적인 역할을 할 수밖에 없다' 는 생각이 들었다.

미국 홈스쿨 자녀들이 비전트립 일행과 자신의 가족들 앞에서
훈련받은 성품을 발표하는 시간을 갖고 있다

이 세상에서 철저하게 하나님 나라 가치로 살고자 하는 청교도
정신이 계속해서 부모를 통해 다음 세대로 전달되는 게 끊어지
지 않는 한 하나님께서는 그들에게 허락하신 축복을 거두지 않
으실 것이다. 나는 이 비전트립을 통해 한국의 다음 세대, 즉
우리 자녀들을 하나님 나라 가치를 지닌 세계 수준의 탁월한
리더로 키울 수 있다는 자신감과 확신을 갖게 되었다. 무엇보
다도 한국의 기독교 대안교육은 미국과 같이 신의 성품에 참여
하는 '성품교육'이 필수가 되어야 한다. 바로 하나님의 성품을
가진 리더가 세상을 파워풀하게 바꿀 수 있기 때문이다.

성품을 견고하게 하는 부모의 기도

새시대, 심령을 새롭게 하는 기도

하나님 아버지! 아버지의 말씀은 우리 심령을 새롭게 하고,[1] 기도
는 우리를 변화시킵니다. 아버지! _____에게 주의 길을 가르쳐
주소서. 주의 길로 행하는 것만이 완전하다는 것을 깨닫게 해 주소서.
주님은 주를 신뢰하는 모든 자들에게 강력한 방패가 되어 주시는 분이
십니다.[2] 부디 _____ 가 자신의 지식을 의지하지 않고 항상 주
님을 신뢰할 수 있도록 이끌어 주소서. 그리고 기도하오니, 그가 범사
에 주를 인정하게 하옵소서. 그가 이처럼 주를 인정하는 법을 배우게
될 때, 주님께서 그의 길을 인도해 주시리라고 믿습니다.[3]

아버지 하나님! 제 자녀의 마음이 하나님 앞에서 항상 바르게 하
여 주옵소서.[4] 그를 살펴 주시고, 잘못된 생각이나 마음가짐이 있는지
감찰해 주소서.[5] 그가 당신께 자신의 잘못을 고백하면, 모든 불의로부
터 깨끗하게 하여 주소서.[6] 분노와 증오의 모든 유혹을 초월할 수 있도
록 도와주소서.[7]

주님! 부디 제 자녀에게 새로운 영으로 주를 섬기려 하는 강한 열

정을 심어 주소서.[8] 그가 온유하며, 자기에게 잘못한 사람들을 기꺼이 용서하되, 필요하다면 언제라도 그렇게 할 수 있는 사람으로 성장할 수 있도록 그 아이의 삶을 빚어 주시옵소서.[9] 하나님! 기도하오니, _____의 삶에 역사하셔서, 공손하고,[10] 친절하며,[11] 상냥하고,[12] 자비로우며,[13] 도움이 되는 사람[14]이 되어, 언제나 주님의 기쁘신 뜻[15]에 따라 소원을 두고 행하게 하소서. _____에게 자신을 저주하는 자를 축복하고 원수를 사랑하는 법을 가르쳐 주시며, 자기를 미워하는 자에게 선을 행하고 자기를 악의적으로 이용하고 모든 악한 말로 대적하는 자들을 위해 기도하는 법을 가르쳐 주소서.[16] 그러나 부디 그런 사람들을 그의 일생 동안 되도록 만나지 않게 하여 주소서.

주님! _____ 가 실수로 인하여 넘어진 형제들을 볼 때마다 온유한 마음으로 그러한 자들을 도와주게 하시고, 자기 자신을 돌아보아 자신에게도 그런 모습이 없는지 살피게 하소서.[17] 부디 하나님의 사랑이 성령과 더불어 _____의 마음에 샘솟게 하셔서,[18] 그가 항상 사랑으로 다른 사람들에게 손을 내밀게 하소서. 그를 하나님의 성령으로 충만하게 하소서,[19] 아버지!

📖 인용성구

1. 엡 4:23, 2. 시 18:30, 3. 잠 3:5~6, 4. 행 8:21, 5. 시 139:23, 6. 요일 1:9, 7. 히 12:15, 8. 롬 7:6, 9. 엡 4:32, 10. 벧전 2:17, 11. 벧후 1:7, 12. 고전 12:25~26, 13. 미 6:8, 14. 사 41:6, 15. 빌 2:13, 16. 마 5:44, 17. 갈 6:1, 18. 롬 5:5, 19. 엡 5:18

만일 내가 다시 아이를 키운다면
먼저 아이의 자존심을 세워 주고 집은 나중에 세우리라.

아이와 함께 손가락 그림을 더 많이 그리고
손가락으로 명령하는 일은 덜 하리라.

아이를 잡으려고 덜 노력하고
아이와 하나가 되려고 더 많이 노력하리라.

시계에서 눈을 떼고 눈으로
아이를 더 많이 바라보리라.

만일 내가 다시 아이를 키운다면
더 많이 아는 데 관심 갖지 않고
더 많이 관심 갖는 법을 배우리라.

자전거도 더 많이 타고 연도 더 많이 날리리라.
들판을 더 많이 뛰어다니고 별들을 더 오래 바라보리라.

더 많이 껴안고 더 적게 다투리라.
도토리에 떡갈나무를 더 자주 보리라.

덜 단호하고 더 많이 긍정하리라.

힘을 사랑하는 사람으로 보이지 않고
사랑의 힘을 가진 사람으로 보이리라.

다이아나 루먼스 〈만일 내가 다시 아이를 키운다면〉

chapter.2

왜 성품훈련을 해야 하는가

성숙한 크리스천이 된다

우리가 자녀를 훈육하는 목표는 그들을 성숙한 크리스천으로 키우기 위해서다. 성숙함은 기본적으로 자기를 통제하는 능력으로서, 지혜와 책임감이 있을 때 나타난다. 자기 통제가 가능해지면 이와 더불어 책임감이 생기고 지혜가 자라게 된다. 그러므로 어린아이를 양육할 때 가장 심혈을 기울여야 할 부분이 자신의 의지를 다스리게 하는 것이다.

하나님께서는 "너희는 거룩하라 이는 나 여호와 너희 하나님이 거룩함이니라"(레 19:2)고 하시며 성품이 거룩할 것을 명령하셨다. 또 "이 모든 일에 전심전력하여 너의 성숙함을 모든 사람에게 나타나게 하라"(딤전 4:15)고 말씀하셨다. 우리가 성품 훈련을 해야 하는 이유는 우리 아이들을 성숙하게 키워서 하나님이 원하시는 거룩한 백성이 되게 하기 위해서다.

아이들이 태어난 순간부터 부모들은 아이들에게 자신의 욕구와 욕망을 따르는 것이 아니라 부모의 명령에 순종해야 한다는 것을 가르쳐야 한다. 자신의 욕망을 통제하고 부모에게 순복할 줄 아는 아이는 내면의 통제력을 갖게 된다. 어렸을 때부터 부모에게 순종하는 것을 연습함으로 내면의 통제력을 갖게 된 아이들은, 성장한 후에는 사회의 권위자나 하나님께 순종하게 된다.

그러나 어렸을 때 자신의 욕망을 통제하는 것을 배우지 못한 아이들은 자라면서 자신이 원하는 것을 얻지 못할 때 권리를 침해당했다고 생각하게 된다. 그들이 10대가 되면 자신의 '권리'에는 강하게 집착하지만 책임감에 대해서는 깊이 생각하지 않게 된다. 제대로 훈육받지 못한 아이는 자신이 원하는 것을 가지지 못할 때 분노하고 자신의 불행을 다른 사람의 책임으로 돌리는 경향이 있다. 이와 같이 자기 뜻대로 하고자 하는 마음은 인간적인 소망과 욕망을 추구하도록 만드는 원동력이 된다.

우리가 성품훈련을 해야 하는 이유는 우리의 아이들을
성숙하게 키워서 하나님이 원하시는 거룩한 백성이 되게 하기 위해서다.

자기통제가 되지 않고 순종의 훈련이 되지 않은 자녀에게
는 다음과 같은 현상이 나타난다.

- 자기가 좋아하는 것을 절제하지 못하고 과다하게 탐닉한다.
- 느낌이 가는 대로 행동하거나 자신이 원하는 것이라면 무엇이든
  지 가져야만 한다고 생각한다.
- 자기가 원하는 것이 만족되지 않으면 화를 내며, 다른 사람에게
  는 관심이 없다.
- 자신에게 주어지는 것들을 당연하게 여기므로 주어진 것에 감사
  할 줄 모른다.
- 감사하지 못하고 불평이 많아서 대부분의 시간을 불평하는 데
  사용한다.
- 참을성이 없고 끊임없이 다른 사람들의 관심을 요구한다. 죄를
  지었을 때 습관적으로 자신의 책임을 부인한다.

당신의 자녀에게 이러한 점이 발견됐다면 지금부터 훈육

을 시작하라! 그러면 자기를 통제하고 지혜를 갖게 되며 책임감 있는 성숙한 리더로 변화될 것이다.

하나님 나라 가치로 사회에 영향력을 미친다

2004년 10월 23일자 국민일보 경제란에는 CEO가 가장 선호하는 직원 스타일을 조사한 결과가 실렸다. 정직한 타입(65%)을 선호한다는 대답이 가장 높게 나왔다. 이것은 다음 순위의 업무처리가 뛰어난 타입(32%)보다 두 배 이상 높게 나타났다. 2009년 6월에 조사한 결과에서도 능력이 뛰어난 '치밀 형'이나 '가이드 형' 직원보다 성품이 좋은 '마당발 형'과 자신의 고민을 들어주고 업무 스트레스를 함께 나눌 '상담사 형' 직원을 선호하는 것으로 나타났다(《행복한 직원이 성과도 좋다》).

2004년에 CEO에게 가장 중요한 덕목으로는 결단력(43.3%)이 가장 많았고, 성실성(22.5%), 도전정신(17.5%), 친화력(10.8%) 등의 성품을 갖추는 것을 바람직하게 여기는 것으로 나타났으며, 리더가 카리스마가 있어야 한다는 것은 가장 낮은 수치(1.7%)로 기존의 리더십에 대한 패러다임이 바뀌었음을 보여 주었다. 2009년에도 역시 4천9백만 대한민국 국민들의 라이프

성품의 리더가 세상을 바꾼다

부모의 사명은 자녀의 성품을 계발하여 그리스도를 닮아가고
사회에서 그리스도를 닮은 제자로 키우는 것이다

스타일을 숫자로 분석해서 설명해 주고 있는 《퍼센트 경제학》
에서 가장 선호하는 상사 유형을 '아랫사람에 대한 배려심과
이해심이 많은 스타일'로 꼽았고, 리더의 소양으로 '커뮤니케
이션 능력'을 가장 중요하게 여기는 것으로 나타났다.

　자녀들에게 추천하고 싶은 직업(2004년 국민일보)으로는 기
업가(48.3%)가 가장 많았고, 교수 및 교사(13.3%), 과학자(10.8%),
의사(7.5%), 언론·방송인(4.2%), 예술가(4.2%), 공무원(2.5%) 순
이었다. 2009년 11월 5일 데이터뉴스에 의하면, 잡코리아가
유자녀 직장인 408명을 대상으로 '자녀의 미래직업'에 대해
설문한 결과, 이들이 선호하는 직업으로는 '변호사·판사 등

법조계 전문직'(22.5%)이 가장 많았다. 이어 '일반 공무원'
(13.8%)이 뒤를 이었고, 의사·간호사(10.7%), 초·중·고등학교
교사(9.8%), 대학교수(7.6%) 순으로 나타났다.

이와 같은 조사 결과를 볼 때 미국과 마찬가지로 한국에서
도 사회적으로 요구되는 중요한 덕목은 정직하고 결단력 있으
며 성실한 성품이다. 또 부모가 원하는 자녀의 직업으로 기업
가, 교수, 교사 등이 가장 많은 것을 볼 때 '대다수의 부모들이
자녀가 정직하고 결단력 있는 리더가 되기를 원한다'는 것을
알 수 있다.

2004년에 YTN이 특별 방송한 최용민 자동차 판매왕 또한
성실과 근면, 용기로 자동차 영업을 시작한 지 7년 만에 국내
자동차 판매 1위라는 명예와 부를 갖게 되었다. 그와 거래한
고객들은 하나같이 "이 사람과 거래하면 신뢰가 가고 안심이
됩니다." "그 사람은 끝까지 책임져 줄 것 같았어요"라고 말했
다. 그래서 한번 거래한 사람은 계속해서 주위 사람들을 소개

성품의 리더가 세상을 바꾼다

해 주었고, 이 판매왕은 소개받은 사람을 친동생, 형, 삼촌, 고모처럼 온 마음을 다해 성실하게 섬겼다. 이런 그의 탁월한 성품이 열매를 맺어 결국 명예와 부를 한꺼번에 얻게 된 것이다.

시간이 흘렀지만, 최근 2010년 3월 11일 파이낸셜뉴스에서도 3년 연속 자동차 판매왕을 차지한 김중곤 팀장의 말을 이렇게 발표했다. "자동차는 혼자 파는 게 아니라 주변 사람들과 함께 파는 것입니다."

그는 지인들이 자신의 가장 소중한 자산이라면서 그들과 가족 못지않은 관계를 유지하고 있다고 말했다. 3년 연속 자동차 판매왕에 오른 비법이다. 당신의 아이는 사회에서 어떤 성품을 지닌 리더로 성장하기 원하는가?

하나님의 자녀 된 우리의 궁극적인 인생 목표는, 성품을 계발하여 그리스도를 닮아가고, 사회에서 그리스도를 닮은 제자를 키워내는 것이다. 성품을 계발한다는 것은 하나님이 주신 양심의 소리를 듣고 옳고 그릇된 것을 배우는 것이며, 내적 훈련을 통해 생각과 말, 행동과 태도를 통제하고, 재능을 발견하여 선한 일을 위해 사용하는 능력을 키우는 것이다.

성품은 어느 날 필요할 때 갑자기 나오거나 사용할 수 있는 것이 아니다. 어릴 때부터 부모나 교사, 가까운 사람들에게 배워야 하며 배운 것을 바탕으로 성장하면서 스스로 성품의 기준을 지키고 더욱 발전시켜야 하는 장기적인 작업이다. 그렇기 때문에 우리는 때와 장소를 가리지 않고 수시로 자녀들에게 성품을 가르치고 본을 보여야 한다.

기독교인으로서 우리가 가장 먼저 제자 삼아야 할 사람은 다른 사람이 아니라 바로 우리 자녀다. 자녀를 그리스도를 닮은 성숙한 인격체로 성장시키는 일은 다른 사람을 그렇게 하는 것보다 훨씬 쉽기 때문에 가능한 일이다. 따라서 그리스도의 제자 된 우리는 불신자를 찾아 밖으로 나가기 전에 먼저 우리의 자녀를 올바른 제자로 키우는 일에 집중해야 한다. 우리가 그들을 올바로 세워 놓는다면 그들이 세상에 나가 하나님 나라 가치로 영향력을 미치고 수많은 사람들을 제자 삼을 것이다.

하나님께서 계획하신 복을 받는다

하나님은 우리가 하나님의 명령을 따르고 하나님의 성품을 닮아갈 때 계획하신 복을 주시겠다고 성경을 통해 계속 말씀하신다. 하나님은 우리가 자녀를 하나님의 성품을 지닌 성숙한 사람으로 키우면 우리와 우리 자녀에게 다음과 같은 비전과 복을 주시겠다고 약속하셨다.

📖 "심령이 가난한 자는 복이 있나니 천국이 그들의 것임이요 애통하는 자는 복이 있나니 그들이 위로를 받을 것임이요 온유한 자는 복이 있나니 그들이 땅을 기업으로 받을 것임이요 의에 주리고 목마른 자는 복이 있나니 그들이 배부를 것임이요 긍휼히 여기는 자는 복이 있나니 그들이 긍휼히 여김을 받을 것임이요 마음이 청결한 자는 복이 있나니 그들이 하나님을 볼 것임이요 화평하게 하는 자는 복이 있나니 그들이 하나님의 아들이라 일컬음을 받을 것임이요 의를 위하여 박해를 받은 자는 복이 있나니 천국이 그들의 것임이라 나로 말미암아 너희를 욕하고 박해하고 거짓으로 너희를 거슬러 모든 악한 말을 할 때에는 너희에게 복이 있나니 기뻐하고 즐거워하라 하늘에서 너희의 상이 큼이라 너희 전에 있던 선지자들도 이같이 박해하였느니라 너희는 세상의 소금이니 소금이 만일 그 맛을 잃으면 무엇으로 짜게 하리요 후에는 아무 쓸데 없어 다만 밖에 버려져 사람에게 밟힐 뿐이니라 너희는 세상의 빛이라 산 위에 있는 동네가 숨겨지지 못할 것이요 사람이 등불을 켜서 말 아래에 두지 아니하고 등경 위에 두나니 이러므로 집 안 모든 사람에게 비치느니라 이같이 너희 빛이 사람 앞에 비치게 하여 그들로 너희 착한 행실을 보고 하늘에 계신 너희 아버지께 영광을 돌리게 하라"(마 5:3-16).

📖 "오직 성령의 열매는 사랑과 희락과 화평과 오래 참음과 자비와 양선과 충성과 온유와 절제니 이같은 것을 금지할 법이 없느니라 그리스도 예수의 사람들은 육체와 함께 그 정욕과 탐심을 십자가에 못 박았느니라 만일 우리가 성령으로 살면 또한 성령으로 행할지니 헛된 영광을 구하여 서로 노엽게 하거나 서로 투기하지 말지니라"(갈 5:22-26).

📖 "사랑은 오래 참고 사랑은 온유하며 시기하지 아니하며 사랑은 자랑하지 아니하며 교만하지 아니하며 무례히 행하지 아니하며 자기의 유익을 구하지 아니하며 성내지 아니하며 악한 것을 생각하지 아니하며 불의를 기뻐하지 아니하며 진리와 함께 기뻐하고 모든 것을 참으며 모든 것을 믿으며 모든 것을 바라며 모든 것을 견디느니라 사랑은 언제까지나 떨어지지 아니하되 예언도 폐하고 방언도 그치고 지식도 폐하리라"(고전 13:4-8).

📖 "사랑하는 자들아 우리가 서로 사랑하자 사랑은 하나님께 속한 것이니 사랑하는 자마다 하나님으로부터 나서 하나님을 알고"(요일 4:7).

📖 "이로써 그 보배롭고 지극히 큰 약속을 우리에게 주사 이 약

성품의 리더가 세상을 바꾼다

속으로 말미암아 너희가 정욕 때문에 세상에서 썩어질 것을 피하여 신성한 성품에 참여하는 자가 되게 하려 하셨느니라 그러므로 너희가 더욱 힘써 너희 믿음에 덕을, 덕에 지식을, 지식에 절제를, 절제에 인내를, 인내에 경건을, 경건에 형제 우애를, 형제 우애에 사랑을 더하라 이런 것이 너희에게 있어 흡족한즉 너희로 우리 주 예수 그리스도를 알기에 게으르지 않고 열매 없는 자가 되지 않게 하려니와 이런 것이 없는 자는 맹인이라 멀리 보지 못하고 그의 옛 죄가 깨끗하게 된 것을 잊었느니라 그러므로 형제들아 더욱 힘써 너희 부르심과 택하심을 굳게 하라 너희가 이것을 행한즉 언제든지 실족하지 아니하리라 이같이 하면 우리 주 곧 구주 예수 그리스도의 영원한 나라에 들어감을 넉넉히 너희에게 주시리라"(벧후 1:4-11).

"너와 네 자손이 네 하나님 여호와께로 돌아와 내가 오늘 네게 명령한 것을 온전히 따라 마음을 다하고 뜻을 다하여 여호와의 말씀을 청종하면… 네게 복을 주시되 곧 여호와께서 네 조상들을 기뻐하신 것과 같이 너를 다시 기뻐하사 네게 복을 주시리라" (신 30:2-9).

성품을 견고하게 하는 부모의 기도

재녀를 우한 기도

하나님 아버지! 저에게 이토록 귀한 아이 _____를 보내 주신 것을 감사드립니다. 그 아이에게 기쁨을 주는 부모가 되기를 기도합니다.[1] 그가 하나님이 보내 주신 선물이며, 하나님의 놀라운 보상이라는 것을 느낄 때마다, 제 마음에 감사와 기쁨이 넘쳐납니다.[2] 하나님! 제가 _____ 를 하나님께로부터 받은 상급으로 아주 소중히 여길 수 있도록 도와주소서.

아버지! 자녀는 제 개인 소유물이 아니며, 하나님의 특별한 뜻에 따라 창조된 존재라는 것을 알고 있습니다. 그를 이처럼 신묘막측하게 창조하신 주의 솜씨가 놀라우므로, 이제 제가 주를 찬양합니다.[3]

자녀의 분노를 자극하지 않고, 오직 주의 교양과 훈계로 양육하라는 주의 명령을 항상 마음에 새기게 하여 주소서.[4] 그를 악에서 지켜 주시고,[5] 천사를 보내어 보호하게 하여 주소서.[6] 그의 영혼을 소생시켜 주시고, 아버지의 이름을 위하여 의의 길로 인도해 주소서.[7] 그리고 그가 청년의 때, 곧 곤고한 날이 이르기 전에 주를 기억할 수 있도록 도와주소서.[8] 또한, 모든 일에서 항상 믿는 자의 본이 되게 하여 주소서.[9]

주님! 주께서 당신께로 나아온 어린아이들을 축복하셨던 것처럼, 그를 축복합니다.[10] 그가 당신의 뜻 가운데서 행할 수 있도록 인도해 주소서. 자신의 의지를 주님께 맡기고, 구원과 영생을 주시는 주님을 온전히 신뢰함으로써, 젊은 날에 주님의 부르심에 응할 수 있도록 도와주소서.[11]

주님! 그의 삶에 저를 부르신 주님의 뜻을 헤아릴 수 있게 해 주옵소서.[12] 그를 위해 행하는 모든 훈계와 훈련이 그를 창조하신 아버지의 뜻을 완성하는 데 기여할 수 있기를 소원합니다.[13] 또, 우리로 하여금 그가 하나님의 작품이며, 주의 선하신 뜻을 이루시고자 그리스도 예수 안에서 창조하셨다는 것을 깨닫게 하여 주소서.[14] 그리고 그가 이 같은 하나님의 역사하심을 발견하고 그 뜻 안에서 행할 때, 진정한 축복과 기쁨과 충만함을 누릴 수 있다는 것을 체험하게 하여 주소서.[15]

제 자녀 _____를 도와주셔서, 그의 일생 동안 이 진리를 마음에 간직하게 하옵소서.

📖 인용성구

1. 시 113:9, 2. 시 127:3, 3. 시 139:14, 4. 엡 6:4, 5. 요 17:15, 6. 시 91:11, 7. 시 23:3, 8. 전 12:1, 9. 딤전 4:12, 10. 마 19:14, 11. 요 3:16, 12. 잠 22:6, 13. 렘 29:11, 14. 엡 2:10, 15. 요 13:17

오, 주님!

주님께서는 저희가 원하고 바라는 그 모든 것들을

넘치도록 풍부하게 가지고 계심을 압니다.

저희 모두가 주님의 그 풍요로움을 함께 누릴 수 있게 하소서.

그리고 은혜에 은혜를 더하셔서 저희들의 죄를 사해 주옵시고

저희의 죄악을 모두 소멸하게 하옵소서.

그 은혜 가운데에서 저희가 의롭다 함을 얻고

저희 심령이 성화되어 정결한 영혼으로

주님의 성도들의 기업을 물려받는 저희들이 되게 하옵소서.

존 웨슬리 〈거듭남〉

chapter.3

성품훈련, 누가 해야 하는가

부모에게 주신 자녀교육의 사명

자녀는 하나님이 주신 선물이다. 자녀는 부모의 소유물이 아니라 하나님께서 부모에게 양육하고 훈육하여 성숙한 크리스천으로 성장시키라고 우리에게 맡겨 주신 기업이다. 따라서 자녀를 양육할 때는 하나님의 자녀를 책임지고 양육하는 청지기 자세로 임해야 한다. "보라 자식들은 여호와의 기업이요 태의 열매는 그의 상급이로다"(시 127:3). 이 말씀과 같이 우리가 자녀를 하나님 말씀에 따라 잘 양육하면 그들이 성장하여 하나님께서 우리에게 주시는 상급이 될 것이다.

자녀는 하나님이 주신 선물이다.
자녀는 부모의 소유물이 아니라 하나님께서 부모에게 양육하고 훈육하여
성숙한 크리스천으로 성장시키라고 우리에게 맡겨 주신 기업이다.

미국의 위대한 대통령 링컨은 그냥 태어난 것이 아니다. 그에게는 그를 길러낸 위대한 부모가 있었다. 링컨은 훌륭한 지도자가 될 만한 조건을 하나도 갖추지 못했지만, 극심한 가난 속에서도 하나님 말씀에 따라 자녀를 훈육한 어머니의 수고로 인해 당대뿐만 아니라 사후에도 계속 존경받는 리더가 될 수 있었다. 역사적으로 세상에 좋은 영향력을 미친 위대한 영웅들 뒤에는 반드시 그들을 위해 헌신하고 희생한 위대한 부모가 있었다.

감리교 창시자이며 신앙과 인격, 지도력으로 세계의 기독교계에 큰 영향을 미친 영국의 존 웨슬리도 그의 어머니가 자녀훈육에 남다른 열정을 쏟은 것으로 알려져 있다. 웨슬리를 비롯하여 아홉 명의 자녀를 하나님 나라 가치로 기른 수잔나 웨슬리는 "자녀를 통제하는 법을 아는 부모는 하나님과 함께 한 영혼을 새롭게 하고 구원하는 일을 하고 있는 것이다"라고 말했다.

성품의 리더가 세상을 바꾼다

📗 "보라 자식들은 여호와의 기업이요 태의 열매는 그의 상급이로다"(시 127:3).

📗 "내가 그들에게 내 말을 들려주어 그들이 세상에 사는 날 동안 나를 경외함을 배우게 하며 그 자녀에게 가르치게 하리라 하시매"(신 4:10).

어린 자녀들을 위한 효과적인 성품교육

우리나라는 현재 가정에서의 자녀교육이 그 기능을 잃었고, 정부가 주도하는 공교육 또한 제 기능을 다하지 못하고 있다. 자녀가 있는 부모는 물론이고 자녀가 없는 사람조차도 가정이나 학교, 사회에서 우리 아이들에게 필요한 올바른 훈육이 제대로 이루어지지 않고 있다는 사실을 알고 있다.

누구의 책임인가? 하나님은 부모에게 자녀를 양육하고 훈육할 의무와 책임을 주셨다. 아이를 학교에 위탁했든 사회에 위탁했든 결국은 자녀에 대한 최종 책임은 부모에게 있다. 부모는 생명이 다하는 날까지 자녀를 훈육하는 책임을 지고 살아야 한다. 그 책임에서 벗어날 수 있는 부모는 이 세상에 단 한 사람도 없다.

다음은 어렸을 때 제대로 성품교육을 받지 못한 어떤 사람의 이야기다.

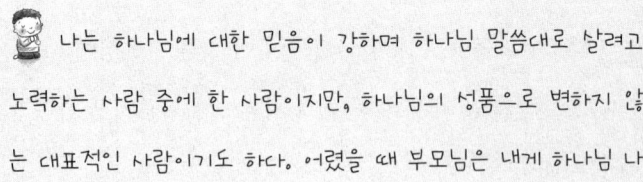

나는 하나님에 대한 믿음이 강하며 하나님 말씀대로 살려고 노력하는 사람 중에 한 사람이지만, 하나님의 성품으로 변하지 않는 대표적인 사람이기도 하다. 어렸을 때 부모님은 내게 하나님 나

라 가치에 대해 알려주지 않았고, 하나님의 진리와 원칙으로 세상을 볼 수 있는 세계관을 심어 주지도 않았다. 이 때문에 나는 성인이 되어 대학에 가고 사회생활을 하면서 미성숙한 성품으로 인해 수많은 어려움을 겪어야만 했다. 내가 사회생활을 하면서 겪는 어려움의 대부분이 잘못된 가치관과 잘못된 성품에서 나온다는 것을 알게 된 후부터는 스스로 좋은 성품을 갖기 위해 노력했고, 하나님의 시각으로 사람과 세계를 바라보려고 애썼으나 쉽게 변화되지 않았다.

어느 때는 일시적으로 노력한 만큼 좋은 성품이 나타나기도 하고, 하나님을 온전히 신뢰하기도 했다. 평상시에는 부단한 노력으로 인해 하나님의 시각을 가지고 좋은 성품을 나타냈지만, 위기가 닥치면 옛날 성품이 다시 나와서 좌절하곤 했다. 나는 오랜 시간이 지나서 하나님이 내게 주신 진짜 사명을 발견하고 의미 있는 삶을 살고 있지만, 어릴 때 훈육되지 못한 성품이 어른이 되었다고 해서 갑자기 습득되는 것이 아니기 때문에 성품의 결함에서 오는 어려움은 여전히 겪고 있다. 그래서 나는 이러한 실패를 내 자녀에게 답습시키지 않으려고 몸부림치며 자녀를 훈육시키고 있다.

이것은 아마도 이 시대를 살고 있는 많은 사람들에게 해당

되는 공통적인 문제일 것이다. 어렸을 때 올바른 가치관과 세계관, 좋은 성품을 키워 주지 않으면 어른이 된 후에 실패와 좌절을 반복하며 절망에 빠질 것은 분명하다.

그렇지만 그때는 되돌리기에 너무 늦다. 그렇다면 누구를 원망하겠는가? 자신을 제대로 훈육하지 못한 부모를 원망할 것이다. 지금이라도 우리가 부모로서 자신의 부족함을 인정하고 자녀를 위해 변화를 시도해야 하지 않겠는가?

기르고 훈육하라

성경은 자녀를 기를 뿐 아니라 훈육하라고 가르친다. 자녀를 기르는 것과 훈육하는 것은 다르다. 자녀를 기르는 것은 자녀가 생명을 보존하고 성장하는 데 필요한 양식과 그밖에 살아가는 데 필요한 기본적인 것을 공급하는 것이다. 그러나 훈육

이라는 것은 사람을 변화시키는 것을 의미한다. 즉, 훈육이란 '의도적으로 올바른 것을 가르치고 훈련시키며 스스로 모범을 보임으로써 변화시키는 것' 이다. 아이들이 부모에게 훈육받았는데도 자기 연령대에 맞는 언행과 역할을 하지 못한다면 그 아이들은 제대로 훈육되지 못한 것이다. 만일 하나님께서 우리에게 맡겨 주신 하나님의 아이들을 제대로 훈육하지 않는다면 우리는 그 아이들을 통해 대가를 치르게 될 것이다.

자녀 양육에 대한 성경의 지침들을 실행했는데도 자녀들이 변하지 않는다면, 부모가 자녀를 키우기는 했어도 훈육하는 데는 실패한 것이다. 여기에서 말하는 '훈육' 은 변화시킨다는 의미다. 하나님은 "마땅히 행할 길을 아이에게 가르치라 그리하면 늙어도 그것을 떠나지 아니하리라"(잠 22:6)고 말씀하신다.

훈육은 아이들이 하고 싶은 대로 해 주거나 만족시켜 주는 것이 아니다. 우리가 좋은 환경과 사랑이 넘치는 가정환경을 만들어 준다고 해서 저절로 훈육되는 것은 아니다. 훈육은 '의도적으로 올바른 것을 가르치고 훈련시키며 스스로 모범을 보이는 능동적인 노력' 에서 나오는 것이다.

하나님은 인간의 타락한 본성에 대해서 예레미야 17장 9절에서 "만물보다 거짓되고 심히 부패한 것은 마음"이라고 분명하게 말씀하신다. 다윗왕은 하나님 말씀에 순종하고 의롭다는 여김을 받았지만, 시편 51편 5절에서 "내가 죄악 중에서 출생하였음이여 어머니가 죄 중에서 나를 잉태하였나이다"라고 노래하고 있다.

이와 같이 우리는 모태에서부터 죄인으로 태어난다. 그렇기 때문에 우리가 예수님을 믿음과 동시에 예수님과 함께 십자가에 못 박혀 죽은 것을 인정하고 옛사람을 떠나 새사람이 된 것 같이, 부모로서 우리는 죄인 된 신분에 있는 자녀를 의로운 하나님의 자녀로 거듭나도록 훈육해야 한다.

훈육하는 방법을 배우라

부모들이 자녀를 성공적으로 훈육하기 위해서는 "아이의 마음에는 미련한 것이 얽혔으나"(잠 22:15)라는 말씀을 기억해야 한다. '미련한 것'의 의미는 올바르지 않은 길로 가고 반항적이고 게으르게 행하는 것을 의미한다. 자신의 자녀는 작은 천사라서 나쁜 행동은 절대 하지 않을 거라고 믿는 부모들은 자녀를 잘 훈육하지 못한다. 이런 경우는 성경 말씀대로 훗날 고통의 열매를 거두게 된다. 솔로몬의 말을 기억할 필요가 있다.

유대인 교육을 연구하여 한국에 소개한 현용수 교수는 《부모여 자녀를 제자 삼아라》라는 자신의 책에서 다음과 같은 예화를 사용하며 자녀훈육의 중요성을 강조했다.

어떤 사람이 집안에서 잡견 한 마리를 키우는데, 이 개가 주인 말도 듣지 않고 대소변을 아무 데나 봐서 골치가 아팠다. 주인은 그저 종자가 나빠서 그러려니 하고 참고 있다가 어느 날 개 훈련소에 데려가서 훈련을 부탁했다. 그랬더니 개 조련사는 개를 훈련시키는 것이 아니라 개 주인을 교육시키는 것이 아닌가? 개 주인은 할 수 없이 시키는 대로 교육받고 집에 돌아와서 그대로 실행해 보았다. 그랬더니 개가 주인에게 순종하기 시작했다. 결국 개 주인은 그동안 개가 말을 듣지 않은 것이 개의 종자가 나빠서 그런 것이 아니라 자신이 훈련 방법을 몰라 훈련과 교육을 제대로 시키지 못해 고생했던 것임을 깨달았다.

아기는 원래 자기중심적이어서 원하는 때 원하는 것을 가지려고 한다. 아기는 맛있는 것, 어머니의 관심, 장난감 등을 원할 때 그것이 주어지지 않으면 울며 떼를 쓴다. 이때 부모들은 아기들의 기본적인 필요는 채워 주면서도 이기적인 마음은 통제할 수 있도록 의도적으로 훈육해야 한다.

주위에서 어린 자녀를 둔 젊은 엄마들이 자기 아이를 가리키며 "휴, 이 아이는 지금 미운 네 살이에요"라고 말하는 것을 듣기도 한다. 그러면 다른 엄마들은 "너무 걱정하지 말고 기다리세요. 금방 지나갈 거예요" 하고 위로한다. 그러나 네 살이 지나고 다섯 살이 지나도 변하지 않고 울며 떼쓰고 고집을 부리면 "아이들은 원래 그런 거예요. 그러니까 아이죠. 좀더 자랄 때까지 인내하세요"라고 조언한다. 그런 상태로 가다가 아이가 10대가 될 때쯤이면, 부모들은 10대는 당연히 반항적이고 가족에게서 독립하려는 경향이 있다고 스스로 위로하면서 그 시기가 무사히 지나가기만을 바라며 입술을 깨물고 인내한다.

안타깝게도 한국의 많은 부모들은 성경이 자녀의 반항을 예방하고 좋은 성품으로 훈련시키는 법을 가르치고 있다는 사실을 모르고 있다. 우리가 현대의 인본주의, 자녀중심의 문화에 현혹되지 않고 성경의 원칙을 자녀훈육에 성실히 적용한다면 자녀가 저항의 시기를 거칠 때, 성숙한 성인으로 성장하도

성품의 리더가 세상을 바꾼다

록 도움을 줄 수 있다. 하나님께서는 눈물을 흘리며 씨를 뿌리는 자는 기쁨으로 거두게 될 것이라고 말씀하신다(시 126:5). 자녀를 올바르게 가르치고 훈육하라. 기쁨으로 그 열매를 거두게 될 것이다.

📖 "임의로 행하게 버려 둔 자식은 어미를 욕되게 하느니라"(잠 29:15).

📖 "미련한 아들은 그 아비의 근심이 되고 그 어미의 고통이 되느니라"(잠 17:25).

📖 "미련한 자를 낳는 자는 근심을 당하나니 미련한 자의 아비는 낙이 없느니라"(잠 17:21).

📖 "마땅히 행할 길을 아이에게 가르치라 그리하면 늙어도 그 것을 떠나지 아니하리라"(잠 22:6).

📖 "네 자식을 징계하라 그리하면 그가 너를 평안하게 하겠고 또 네 마음에 기쁨을 주리라"(잠 29:17).

성품을 견고하게 하는 부모의 기도

부모의기도

하나님 아버지! 제게 보내 주신 자녀들로 인하여 감사를 드립니다. 그들은 진정 저에게 축복이고, 이 세상의 그 무엇과도 바꿀 수 없는 보배입니다. 주님은 천국이 그런 자들의 것이라고 말씀하셨습니다. 그 아이들이 주의 나라에서 소중히 여김을 받는 것처럼, 저도 그들을 소중히 여길 수 있게 하여 주소서.[1]

마땅히 가야 할 길로 그들을 인도하고 가르쳐야 하는 막중한 책임을 맡았사오니, 최선을 다하게 하소서. 주님! 제가 이 책임을 충실히 이행하면, 그들이 나이가 들어도 저의 훈육과 주의 인도하심에서 떠나지 않으리라 믿습니다.[2] 오, 하나님! 그들이 주의 뜻 행하는 것을 기뻐하게 하여 주소서.[3]

그로 하여금 믿음으로 온전한 구원에 이르게 하여 주소서.[4] 그리고 저의 삶이 그들을 주님께로 더 가까이 이끌 수 있도록 인도해 주소서.

아버지! 당신은 하늘의 아버지시오니, 부모로서 자녀들을 어떻게 양육하고 보살펴야 할지 가르쳐 주소서.[5] 이 어려운 세대에서 친히 모본과 말씀을 통해 저를 인도해 주시니, 감사드립니다.[6]

주님! 제가 그들을 이해하는 자상한 부모가 될 수 있도록 도와주소서. 아이들과의 관계에 있어서, 그들을 조정하기보다는 이해하고 수용하는 부모가 되게 하소서. 주께서 저의 피난처시고,[7] 산성이시며[8] 안전한 요새가 되어 주심같이,[9] 저도 제 자녀들에게 안전한 보금자리가 될 수 있도록 인도해 주소서.

제가 가정을 잘 다스릴 수 있도록 지혜를 주소서. 아이들이 순종하고 공손한 태도를 갖게 해 주소서.[10] 그러나, 결코 그들을 격동시키고 분노를 일으키는 부모가 되지 않게 하여 주소서.[11] 그들을 공정하게 대할 수 있도록 도와주시고, 주께서 저를 이해하고 사랑해 주신 것처럼, 저도 자녀들을 이해할 수 있게 도와주소서.[12] 제 마음을 아이들에게로 돌이키게 하시고, 그들의 마음을 제게로 돌이키게 하셔서,[13] 우리 가정이 진정 축복받은 가정이 되게 하여 주소서.

🔖 인용성구

1. 눅 18:16, 2. 잠 22:6, 3. 시 40:8, 4. 엡 4:5, 5. 엡 6:4, 6. 시 119:105, 7. 시 46:1, 8. 시 144:2, 9. 시 59:17, 10. 딤전 3:4, 11. 엡 6:4, 12. 시 139:23, 13. 말 4:6

오, 주여!
우리로 하여금
당신의 평화의 도구로 삼아 주소서.

미움이 있는 곳에 사랑을 주고
악행을 저지르는 자를 용서하며
다툼이 있는 곳에는 화목케 하며
잘못이 있는 곳에 진리를 알리고
회의가 자욱한 곳에 믿음을 심으며
절망이 드리운 곳에 소망을 주게 하소서.

또한
어두운 곳에는 당신의 빛을 비춰며
슬픔이 쌓인 곳에 기쁨을 전하는
사신이 되게 하소서.

위로받기보다는
먼저 위로를 베풀고
이해받기보다는 먼저 이해하며
사랑받기보다는 사랑하게 해 주소서.

우리는 줌으로써 받고
자기를 버려 죽음으로써
영생을 누리기 때문입니다.

성 프란시스 〈평화의 도구로 사용하소서〉

자녀훈육을 방해하는 것들

부모의 과거 습관

어떤 부모들은 자녀를 양육할 때 비장한 각오를 한다. 그들은 자신이 어렸을 때 겪었던 상처나 잘못된 것들을 바로잡으려는 과정에서, 아이에게 자신의 생각과 행동을 강요하거나 과도하게 기대하며 억압하기도 한다. 그러나 어렸을 때의 경험에 대한 부모의 분노는 때때로 아이를 잘못된 길로 인도한다.

많은 부모들이 어린 시절에 겪은 깊은 상처를 해결하지 못한 채 결혼하고 자녀를 낳는다. 그리고 그 상처로 인한 고정관념이나 좋지 않은 습관, 미래에 대한 두려움 등을 남편이나 아이들에게 반영한다. 부모는 의도적이지 않더라도 자신이 어렸을 때 받았던 상처나 기억으로 인해 아이들에게 자신의 생각과 행동을 강요하기 쉽다.

자신의 가치관이 명확하게 서 있지 않으면 자녀가 올바른 가치관을 갖도록 이끌어 주기가 힘들다. 또 보상심리로 인해 자신이 이루지 못했던 일들을 자녀에게 투사한다. 그래서 자녀의 기질이나 은사, 꿈과 상관없이 자신의 비전을 자녀에게 강요함으로써 자녀의 인생을 잘못된 길로 가게 할 수도 있다.

상처, 즉 마음에 쓴 뿌리가 있는 사람은 작은 일에도 화를 내고 낙심하며 우울해하고 환멸을 느낀다. 또한 책임감 있게 일을 진행하더라도 책임을 다하지 못하거나 사랑해야 할 사람들과 좋은 관계를 맺지 못한다. 이것은 자녀에게도 큰 영향을 미친다. 결국 부모의 잘못된 성품과 죄의 습성을 또다시 자손에게 물려주는 우를 범하게 된다.

우리는 하나님이 주신 부모의 역할을 잘 감당하기 위해서

성품의 리더가 세상을 바꾼다

먼저 우리의 잘못된 과거를 청산하고 새롭게 변화되는 과정을 거쳐야 한다. 과거의 상처나 건강하지 못한 기억과 습관을 가진 부모에게 나타나는 잘못된 현상에는 다음과 같은 것들이 있다.

- 가난한 집에서 자란 부모는 자신이 가지지 못한 것들을 자녀에게 모두 줌으로써 아이를 기쁘게 해 주려고 한다.
- 어린 시절에 놀이나 운동을 제대로 하지 못했던 부모는 자녀에게 스포츠나 취미활동을 과다하게 시키려고 한다.
- 너무 엄격한 집안에서 자랐거나 학대받으며 자란 부모는 자녀에게 너무 많은 자유를 허용하여 남용하게 만든다.
- 자신의 생각을 자유롭게 표현하지 못하는 가정에서 자란 부모는 자녀에게 때와 장소를 가리지 않고 아무 말이나 함부로 하도록 방치하여, 결국 뻔뻔하고 말만 잘하는 아이로 만든다.
- 일방적인 부모의 지시나 명령에 억눌려 자란 부모는 자녀들이 무조건 순종해야 할 때도 일일이 이유를 설명하며 자녀의 동의를 구하려고 한다. 이러한 행동은 아이로 하여금 반박이나 논쟁 없이는 어른들에게 순종하지 않게 만든다.

부모는 자녀훈육에 앞서 자신의 과거를 청산하고 새로운

세계관을 세워야 한다. 그리고 건강하고 올바른 세계관에 기초한 좋은 성품을 자녀에게 유산으로 물려주기 위해 의지를 가지고 노력해야 한다.

세계관이란 우리가 세상을 이해하는 방법을 말하는데, 그것은 자라날 때 부모의 교육이나 학교, 친구, 사회 경험을 통해 형성된다. 사실 세상에 있는 모든 사람들은 마음의 안경이라고 하는 세계관을 모두 가지고 있다. 안경렌즈가 파란색이면 세상은 파랗게 보이고, 노란색이면 노랗게 보인다. 그래서 우리는 잘못된 사고방식이나 상처, 죄를 청산하고 순결하고 거룩한 눈으로 하나님이 맞추어 주신 새로운 안경을 쓰고 아이들을 새롭게 바라보아야 한다.

자녀에게 넘겨진 부모의 권위

많은 부모들이 자녀훈육에 대해 잘 알지 못한 채 자녀를 키우고 사회에 내보낸다. 부모들은 자녀를 상사나 권위에 불순종하고, 조직 간에 분열을 조장하며, 목표를 이룰 수 있는 인내력을 가지지 못한 무기력한 성인으로 양산하고 있다. 그러나 이러한 부모일수록 그 누구에게도 뒤지지 않는 정성과 노력을

78

자녀에게 쏟았다고 고백한다.

　"우리는 모든 인생을 우리 아이를 위해 희생했어요. 그런
데 왜 이렇게 되었는지 모르겠어요."

　당신은 이런 부모처럼 자녀를 위해 무엇이든 분별없이 모
든 것을 투자하고 있지는 않은가? 만일 당신이 다음과 같은 말

세계관은 자라날 때 부모의 교육이나
학교, 친구, 사회 경험을 통해 형성된다

을 자주 했다면 당신은 자녀에 대한 헌신의 방향이 잘못되었다
는 것을 인식해야 한다.

"저는 항상 우리 부부가 먹을 것과 아이들이 먹을 것, 두
가지 식사를 준비해야 해요." "우리는 아이들을 어른 예배에
데리고 갈 수가 없어요. 아이들은 지루해서 가만히 앉아 있지
못하거든요." "학교나 선생님을 바꿔야겠어요. 우리 아이가 그
선생님을 좋아하지 않아요."

이런 부모들은 부모로서의 권위를 포기하고 집안의 통치
권을 자녀에게 넘겨준 사람들이다. 그들은 자신이 세운 올바른
기준이 아니라 아이들의 기호에 맞춰 임기응변식으로 산다. 아

성품의 리더가 세상을 바꾼다

아이들이 배워야 할 훈련을 피하거나 부모가 행사해야 할 권위를
아이들에게 넘겨준 부모들은 자녀양육의 열매를 거둘 수 없다.

이들이 배워야 할 가치를 가르치치 못하고 부모의 권위를 아이
들에게 넘겨준 부모는 자녀양육의 열매를 거둘 수 없다. 이런
부모들은 자신이 아이를 존중하여 '민주적인 양육법'을 실시
하고 있다고 착각할 수도 있다.

그러나 하나님 나라의 법은 개개인의 권리만을 중요하게
여기는 '인본주의적인 민주주의'가 아니다. 하나님 나라의 가
치는 '하나님은 전지전능하신 창조주로서 절대적인 권위가 있
다'는 것을 믿는 데 있다. 그리고 하나님이 만드신 질서대로
부모나 권위자에게 순종하며, 사람을 존귀히 여기고 서로 섬긴
다. 이러한 질서를 잘 지킬 때 사람들은 서로 존중하게 되고 사
랑의 관계가 형성된다.

어떤 부모들은 아이들을 억압하지 않고 자유롭고 즐거운
환경을 만들어 주려고 하는데, 그렇게 한다고 아이들이 행복한
삶을 사는 것은 아니다. 이런 아이들은 만족할 줄 모르고 자신
에게 친절을 베푸는 사람들에게 감사하지 않는 경우가 많다.

부모가 자신의 권위를 내주는 가장 근본적인 이유는 자녀

아이들에 의해서 움직이는 가정은
이미 자녀들로부터 존경심을 잃어버렸다.
다시 자녀의 존경심을 되찾기 위해서는 아이들이 부모의 말에
순종하도록 훈련하여 부모의 권위를 되찾아야만 한다.

에게 인정받으려는 불안한 마음 때문이다. 부모의 권위를 포기
한 경우, 가정의 중요한 결정권을 자녀에게 내주었기 때문에
의견이 불일치하여 가정불화가 잦아지게 된다. 또 이런 부모의
경우 갑자기 자녀들에게 강압적인 태도를 취하거나 일관성 있
는 지도력을 발휘하지 못한다.

자녀의 존경심을 잃어버린 부모

우리는 존경하지 않는 사람들에게서 배우고 싶어하지 않
는다. 그 사람이 목회자나 상사 혹은 배우자라 할지라도 말이
다. 마찬가지로 자녀도 부모를 존경하지 않는다면 부모의 훈육
에 순복하려 하지 않는다. 자녀에 의해서 움직이는 가정은 이
미 존경심을 잃어버렸다고 해도 과언이 아니다. 다시 존경심을

되찾기 위해서는 자녀가 부모의 말에 순종하도록 훈육하여 부모의 권위를 되찾아야만 한다.

부모가 존중받는 가정에서는 어른이 차분하고 분명하게 명령하면 자녀는 곧 실행한다. 부모가 지시를 반복하거나 협박하는데도 듣지 않는다면 그 부모는 자녀로부터 존경심을 잃어버린 것이다. 자녀가 부모의 말에 반기를 들고 반박하는 습관이 있다면 그 부모는 이미 권위를 잃은 것이다. 자녀에게 너무 많은 권한을 준 부모가 뒤늦게 권위를 행사하려고 하면 오히려 자녀의 반항심을 부추기는 결과를 낳는다.

우리는 부모로서 권위를 행사할 때마다 아이들에게 양해를 구하거나 눈치를 볼 필요가 없다. 단지 부모로서 합당한 권위를 가지고 그들에게 조용히 지시를 내려야 한다. 그러나 이미 아이들 훈육에 실패하여 존경심을 잃어버렸다면 솔직하게 그들에게 사과하고 용서를 구하라. "우리가 잘 몰라서 너를 제대로 훈육하지 못한 것을 용서해 주겠니?"라는 방식으로 말이다. 그리고 앞으로 하나님의 명령에 따라 부모의 역할을 충실히 수행하여 하나님의 방법으로 그들을 훈육해 나갈 것임을 설명하고 그대로 실행하라.

성품을 견고하게 하는 부모의 기도

부모가 지녀야 할 지혜를 얻는 기도

사랑하는 아버지 하나님! 이 시간, 아버지께 무릎을 꿇고 지혜를 구합니다. 제가 진정 유능한 부모가 될 수 있도록 지혜를 주시옵소서. 제 아이를 양육하고 가르치는 순간순간, 아버지의 지혜를 부어 주시옵소서. 저로 하여금, 자녀를 주의 교양과 훈계로써 양육하기 위해 무엇이 필요한지 깨닫게 하여 주소서.[1]

주님! 지혜로 저의 영을 채우시겠다고 약속하시니 참 감사드립니다. 이제 주께서 제게 지혜로 채우심을 믿고, 담대히 주께 나아갑니다.[2] 하나님으로부터 나온 지혜는 성결하고, 평화로우며, 온화함이 있습니다. 또, 긍휼과 선한 열매가 가득하고, 편벽과 거짓이 없으니, 이 세상의 지혜와 비교할 수 없는 주님의 지혜를 어찌 찬양하지 않을 수 있겠습니까?[3]

아버지! 제게 지혜의 영을 부어 주셔서, 자녀의 미래와 행복에 관한 중대한 결정을 내려야 할 때, 주의 뜻을 온전히 분별할 수 있게 하여 주소서.[4] 오, 아버지! 제게 힘과 지혜를 주실 줄로 믿습니다.[5] 또한,

아버지의 의로움을 나눠 주셔서 제가 지혜를 말하게 되리라고 믿습니다.[6] 제 생명의 깊숙한 곳까지 지혜로 채워 주시고,[7] 제 마음을 아버지의 지혜로 채워 주옵소서.[8]

하나님의 지혜가 저를 복되게 합니다. 지혜를 얻는 것이 정금보다 낫고, 하나님께서는 지혜로 땅을 세우셨고, 명철로 하늘을 굳게 펴셨습니다.[9] 우리 주 예수 그리스도 안에서 저는 하나님의 지혜와 힘을 만날 수 있습니다. 그리고 우리 주님께서 저에게 지혜와 의로움, 거룩함과 구속함이 되어 주셨습니다. 이에, 아버지 하나님을 영원히 찬양합니다. 할렐루야![10]

아버지! 제가 제 자녀에게 성급하게 대하지 않고, 진주보다 귀한 지혜를 구하여 너그럽게 용납하게 하옵소서.[11]

 인용성구

1. 엡 6:4, 2. 대하 1:10, 3. 약 3:15~17, 4. 출 28:3, 5. 욥 12:13, 6. 시 37:30, 7. 시 51:6, 8. 시 90:12, 9. 잠 3:13~20, 10. 고전 1:22~31, 11. 잠 3:15

나는 성공하고자 힘을 구했지만
병약하게 되어 겸손히 순종하는 법을 배웠습니다.

나는 더 위대한 일을 하고자 건강을 구했지만
병에 걸려 더 나은 일을 하게 되었습니다.

나는 행복해지고자 부를 구했지만
가난하게 되어 지혜를 얻었습니다.

나는 사람들의 칭송을 얻기 위해 권력을 구했지만
힘없는 자가 되어 하나님의 필요를 느꼈습니다.

나는 인생을 즐기고자 모든 것을 구했지만
생명을 얻어 모든 것을 즐기게 되었습니다.

구한 것은 아무것도 얻지 못했지만
바라던 것은 모두 얻게 되었습니다.

나도 모르게 내 무언의 기도가 응답되었으니
나는 세상에서 가장 복된 사람입니다.

작자 미상 〈어느 병사의 기도〉

chapter.5

자녀훈육,
어떻게 할 것인가

자녀훈육의 개요

기독교교육의 중요한 목표는 자녀를 올바른 성품을 지닌 성숙한 크리스천으로 훈련하여 사회에서 하나님 나라 가치로 영향력을 미치도록 만드는 것이다. 그러나 우리나라에서는 성품훈련에 중점을 둔 교재가 많지 않다. 최근에는 성품의 중요성을 알고 출간되는 책들이 있지만, 체계적으로 가르쳐 주는 훈육 프로그램과 함께 더 발전되어야 하는 부분이다. 이것이 한국의 기독교 가정에서 자녀를 교육함에 있어 성품에 주의를 기울지 못한 주원인이기도 하다.

성품훈련은 평생을 걸쳐 해나가야 할 훈련이지만,
어릴 때일수록 효과가 크기 때문에 아이들이 어릴 때 성품을 집중적으로
훈련하는 것이 중요하다.

　　예전에는 성품 관련 교재가 없어서 미국 기독교교육의 한 장을 이루고 있는 성품 중심 교재들을 참고하였다. 미국에서도 성품훈련에 중점을 두고 만든 교재는 가정에서 부모들이 직접 가르치는 홈스쿨링 교재들이 대부분이다. IBLP, ATI, 코노스 교재 등이 그 대표적인 것이다.

　　미국의 많은 부모들이 좋은 교육을 시킬 수 있는 환경을 일반 교육시스템에서 찾지 못해 결국은 홈스쿨링이라는 교육 수단을 택했는데, 그 결정적인 요인이 바로 집에서 부모들이 직접 하나님 나라 가치와 성품교육을 자유롭게 시킬 수 있기 때문이다. 그리하여 미국에서 새로운 홈스쿨링운동이 시작된 지 30년이 넘은 요즈음, 수많은 종류의 성품 중심 교과과목들이 연구되고 만들어져 부모들이 자신의 필요나 자녀의 수준에 맞추어 자유자재로 교재를 선택하여 사용할 수 있게 되었다.

　　기독교 문화가 사회 전체에 흐르고 사회적으로 윤리도덕 기준이 높으며, 좋은 성품을 리더의 가장 큰 덕목으로 여기는

성품의 리더가 세상을 바꾼다

사회에서 성품훈련이 발달한 것은 자연스런 현상이라고 볼 수 있다. 이와 같이 미국에서는 성품이 좋은 사람이 조직 안에서 더 많은 능력을 발휘하고, 리더로서 더욱 탁월한 역량을 발휘하기 때문에 학교뿐 아니라 기업이나 공공 기관, 지역단체 등에서 광범위하게 성품훈련을 실시하고 있다. 이를 배경으로 풍부한 성품 중심의 자료들과 체계화된 훈육프로그램, 교육의 자율성이 보장되는 풍요로운 교육 환경 덕분에 홈스쿨링을 선택하는 가정이 빠른 속도로 증가하고 있다.

성품은 평생을 걸쳐 훈련해야 할 부분이지만, 어릴 때 시작할수록 효과가 크기 때문에 어린아이 때부터 성품을 집중적으로 훈련하는 것이 중요하다. 의식 있는 크리스천 부모로서 가정, 교육, 관계, 교회 등 모든 환경을 사용하여 자녀의 성품을 계발하는 데 심혈을 기울여야 한다. 그래서 자녀가 기독교인으로서 세상에 선한 영향력을 미치도록 가르쳐야 한다.

훈육의 방법, 본을 보이기와 훈육하기

자녀양육에서 부모의 가장 중요한 역할은 스스로 본을 보이는 것과 교훈을 가르치는 것, 즉 훈육이다. 첫 번째로 부모가 본을 보이는 것은 가장 효과적인 교육 방법으로, 아이들이 자라면서 자연스럽게 접하는 부모의 언행을 통해 배우게 하는 것이다. 만일 부모가 좋은 성품과 긍정적인 생각, 올바른 가치관을 가지고 있다면 아이들은 관계 속에서 자연스럽게 부모의 좋은 성품을 닮아갈 것이다.

만일 자녀가 습득하기를 원하는 성품이나 가치기준이 있다면 부모가 실제로 먼저 행동으로 보여 주어야 한다. 부모 마음에 들지 않는 자녀의 분노처리 방법이나 기쁨의 감정을 처리하는 방법도 대부분 부모의 영향을 받은 것이라고 보아야 한다. 아이들은 부모의 모습을 반영하는 거울이기 때문이다.

두 번째로 훈육은 가르치고 교육하는 것이지만 또한 교정하는 것까지 포함한다. 교정이란 자녀의 행동을 바꾸거나 적응시켜서 가르침을 따르도록 하는 것인데, 이것을 효과적으로 실행하기 위해서 처벌이나 체벌을 불가피하게 사용해야 할 때도 있다.

아이들을 불가피하게 체벌할 때 주의할 것은 손을 사용하지 말고 나뭇가지나 그밖의 다른 사물을 사용해야 한다는 것이다. 왜냐하면 손은 사랑을 표현하는 수단이기 때문이다. 체벌할 때 손을 자주 사용하게 되면 손으로 사랑을 표현하려고 할 때도 아이들은 공포를 느끼게 된다.

성품의 리더가 세상을 바꾼다

훈육의 원칙 세우기

가정에서 훈육할 때는 부부가 함께 합의한 원칙들을 정해 놓아야 한다. 다음과 같은 원칙들을 세워 놓는다면 자녀를 훈육할 때 부부갈등이나 자녀들이 겪을 수 있는 혼란을 줄일 수 있다.

합의하여 훈육 원칙 세우기　첫째, 부부가 훈육의 원칙을 세워 놓고 서로 합의해야 한다. 부부가 서로 다른 기준으로 자녀를 훈육한다면 자녀는 혼란스럽고, 부부 사이에도 일관성 없는 태도로 인해 불화가 발생할 수 있다. 자녀교육에서 일관성 있는 태도를 유지해야 아이가 신뢰하며 훈육의 방침들을 따르게 된다.

원칙 위반시 분별하기　둘째, 아이가 원칙을 위반할 경우 의도적인 것인지 실수한 것인지를 구분해야 한다. 자녀가 잘못할 경우 나쁜 동기로 잘못된 행동을 했다면, 반드시 그것에 대한 책임을 물어야 한다. 그러나 실수했거나 이해하지 못한 경우, 또는 선한 의도로 했는데 결과적으로 잘못되었다면 자녀가 다음에 또 이런 잘못을 범하지 않도록 잘 설명해 주어야 한다.

만일 자녀가 습득하기를 원하는 성품이나 가치기준이 있다면
부모가 실제로 먼저 행동으로 보여 주어야 한다.

원칙 따라 상 주기 셋째, 원칙을 잘 지켰을 때는 보상을 주고, 지켜지지 않았을 때는 벌을 주어야 한다. 즉, 상벌을 명확히 세워 놓고 그 원칙에 따라야 한다. 어린아이들은 부모의 말이 이해되거나 합당해서 순종하는 것이 아니라, 단지 부모라는 권위에 순종해야 하기 때문에 무조건 따라야 한다는 것을 배워야 한다.

어린아이는 두세 살 때부터 벌써 자기의 의지대로 행동하려고 한다. 선한 언행이 무엇인지를 배우지 못한 어린아이들은 기본적으로 이기적인 욕구에 따라 행동하기 때문에 가만히 놓아두면 자기 중심적인 행동을 하게 되어 있다. 그래서 자기 중심적인 나쁜 행동에는 벌을, 선한 행동에는 상을 주는 반복훈육을 통해 좋은 성품을 몸에 익히게 해야 한다.

실수에 대해서는 사과하기 넷째, 부모도 실수하거나 잘못하면 자녀에게 사과해야 한다. 원칙을 정해놓고 부모가 지키지 못했을 때나 자녀를 오해했을 때는 부모가 자녀에게 사과해야

성품의 리더가 세상을 바꾼다

한다.

　어떤 어머니는 자녀의 성품교육이 얼마나 중요한지를 깨
닫고 나서 자녀에게 성품훈육을 시키려고 하는데 효과가 없었
다. 그래서 고민 끝에 자녀에게 솔직하게 털어놓고 사과했다.
"내가 그동안 잘 알지 못해서 너희에게 성품교육을 시키지 못

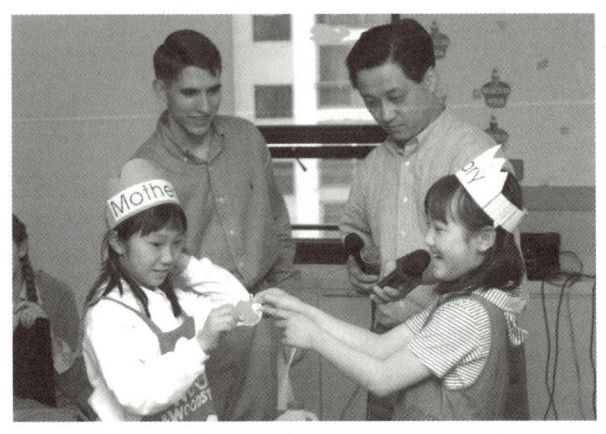

성품은 평생 훈련해야 하지만, 어릴 때 시작할수록 효과가 크기 때문에
어린아이 때부터 성품을 집중적으로 훈련하는 것이 중요하다

했어. 그러나 성품이 좋지 않을 경우 사회에서 얼마나 많은 어
려움을 겪는지 경험했기 때문에 늦었지만 너희에게 지금부터
라도 성품교육을 시키려고 해. 그동안 엄마로서 제대로 가르쳐
야 할 것을 가르치지 못한 것을 용서해 줘. 그래서 지금부터 너
희에게 성품교육을 시키려고 하는데 너희의 협조가 필요해. 힘
들겠지만 엄마와 함께 노력하자"라고 말했다.

갑자기 성품을 강조하며 태도가 변한 엄마에게 반감이 생
겼던 아이들은 엄마의 이런 솔직한 마음을 알고, 시대 상황을
파악한 뒤 열심히 엄마의 성품훈육을 따랐다고 한다. 부모도
실수했을 때는 언제든지 아이들에게 사과하는 것이 좋다. 아이

성품의 리더가 세상을 바꾼다

들에게 좋은 모범이 될 뿐만 아니라 이러한 태도로 인해 자녀는 부모를 더욱 존경하게 된다.

사랑하는 마음 확인시켜 주기   다섯째, 훈계가 다 끝나고 나면 반드시 안아 주거나 따뜻한 손길로 만져 주며 죄에 대한 징계를 한 것이지, 자녀를 사랑하는 마음이 흔들린 것은 아니라는 사실을 확인시켜 주라.

그것을 말로 표현해도 좋다. "이번에 네가 또 실수했지만 그래도 엄마는 널 사랑한단다. 네가 실수를 해도 여전히 너는 내 귀한 아들(딸)이야. 너는 훌륭한 리더야." 그리고 다음과 같이 대화를 이어가라. "다음에 또 똑같은 실수를 하지 않으려면 무엇을 조심하면 좋을까? 네가 실수하지 않도록 엄마가 어떻게 도와줄까?"

이런 대화를 통해 부모는 아이의 절대적인 조력자로서 신뢰관계를 계속적으로 끈끈하게 유지해야 한다.

부부가 합의하여 이러한 훈육의 원칙을 세워 놓았다면 가능한 한 빨리 성품훈련을 실시하라!

성품을 견고하게 하는 부모의 기도

훈육에대한기도

하나님 아버지! 저에게 제 자녀 _____를 가르치고, 훈육하고, 이끌 수 있는 축복을 주셔서 감사합니다. 주님! 훈육은 우리 주 예수 그리스도의 충실한 제자를 양성하기 위한 훈련이라는 것을, 제가 항상 잊지 않도록 도와주옵소서. 주님! 저는 제 아이가 진정한 주님의 제자가 될 수 있도록 아버지 하나님을 돕고 싶습니다.

주님! 제가 살아가는 동안 저를 잘 훈육하여 주시니 감사드립니다. 저를 향한 사랑이 있으시기에, 필요한 순간마다 저에게 훈계하셨다는 것을 알고 있습니다.[1] 저도 _____를 훈육할 때, 오직 사랑만이 제 모든 행위의 동기가 될 수 있도록 은혜를 베풀어 주옵소서.

주께서 저를 눈동자처럼 인도하신 것같이,[2] 저도 믿음의 주요, 온전케 하시는 주님을 바라보오니, 제 자녀를 잘 인도하게 하소서.[3] 저에게 주님의 길을 가르쳐 주시니 감사드립니다.[4] 제 아이에게도 말씀과 본보기로 주님의 길을 가르칠 수 있도록 도와주옵소서.

주님! 분노로 자녀를 격동시키는 자가 되지 않도록 도와주옵소서,[5] 오직 주님의 교양과 훈계로 그를 양육할 수 있도록 인도해 주소서.[6] 하나님 아버지! 제 입에 파수꾼을 세워 주소서.[7] 제 아이와의 관계를 온유함과 자비와 용서가 넘치는 사이로 지낼 수 있도록 도와주시고,[8] 제가 항상 그의 앞에서 주님의 도를 행하게 하여 주소서.[9] 하나님의 도는 완전하고, 하나님의 말씀은 거짓이 없으십니다.[10]

제가 징계하기를 꺼리지 않게 하시고,[11] 언제나 단호함과 사랑으로 적절한 훈계를 할 수 있도록 도와주소서. 늘 일관된 모습으로 그를 사랑하기 원하오니, 지혜를 주옵소서.[12]

제 자녀가 가장 흥미를 갖고 있는 분야가 무엇인지 알 수 있도록 도와주시고, 분노와 비난으로 대하지 않고 항상 사랑과 배려로 대하게 하옵소서. 그가 실수로 인해 넘어졌을 때도 온유한 마음으로 그 아이를 위로할 수 있게 하시고, 제 자신의 한계와 실수에 대해서도 항상 깨달을 수 있도록 인도해 주소서.[13] 제가 자랄 때 주님께서 저에게 가르쳐 주셨던 교훈들을 잊지 않게 해 주시고, 주님께서 제 아이를 오묘한 솜씨로 특별하게 창조하셨다는 것을 인정할 수 있게 하옵소서.[14]

🔖 인용성구

1. 히 12:6, 2. 시 32:8, 3. 히 12:2, 4. 시 25:4, 5. 엡 6:4, 6. 엡 6:4, 7. 시 141:3, 8. 엡 4:32, 9. 엡 2:10, 10. 시 18:30, 11. 잠 23:13, 12. 약 1:5~6, 13. 갈 6:1, 14. 시 139:14

나에게 이런 자녀를 주옵소서.
약할 때에 자기를 돌아볼 줄 아는 여유와
두려울 때 자신을 잃지 않는 용기와
정직한 패배에 부끄러워하지 아니하고
승리에 겸손한 온유한 자녀를 주옵소서.
원하옵나니 그를 평탄하고 안이한 길로
인도하지 마옵시고
고난과 도전에 직면하여 항거할 줄 알도록
인도하여 주옵소서.
그리하여 폭풍우 속에서 용감히 싸울 줄 알고
패자에게 관용할 줄 알도록 가르쳐 주옵소서.

그 마음이 깨끗하고 그 목표가 높은 자녀를,
남을 정복하려고 하기 전에
먼저 자신을 다스릴 줄 아는 자녀를,
장래를 바라봄과 동시에 지난날을 잊지 않는
자녀가 되게 하게 하여 주옵소서.

자기 자신에 지나치게 집착하지 말게 하시고
겸허한 마음을 갖게 하시여
참된 위대한 삶은 소박함에 있음을 알게 하시고
참된 지혜는 열린 마음에 있으며
참된 힘은 온유함에 있음을 명심하게 하옵소서.
그리하여 나 아버지는
어느 날 내 인생을 헛되이 살지 않았노라고
고백할 수 있도록 도와주시옵소서.

더글라스 맥아더 〈아버지의 기도〉

chapter.6

발달단계에 따른 성품훈련

신생아 · 영아기(태어나서부터 만 2세까지)

자녀양육 또한 농부의 마음으로 우리 자녀에게 무엇을 어떻게 해 주어야 하는지 시기에 맞춰 공급해 주어야 한다. 자녀훈육은 아기가 태어나자마자 시작된다. 특히 갓 태어난 신생아에게는 어머니의 따뜻한 관심과 애정이 절대적으로 필요하다.

훈련방법

이때는 아기가 몸에 닿는 감각이나 단순한 소리를 통해서 느끼기 때문에 엄마가 늘 곁에서 안아 주고 만져 주며 부드럽게 대화해 줌으로써, 아이가 정서적으로 친밀감과 안정감을 갖도록 해야 한다.

담요훈련　미국의 기독교 가정들은 아이가 6개월만 되어도 이미 훈육을 이해하고 받아들일 수 있다고 생각한다. 그래서 부모는 6개월 된 아기에게 '담요훈련' 을 실시한다.

훈련방법

담요훈련이란 담요를 가지고 하는 훈련인데, 손을 뻗으면 바닥에 닿을 정도의 담요에 아기를 올려놓고 발이나 손이 담요 밖으로 나오면, 손으로 밖으로 나온 부위를 꼭 잡으며 "안 돼!" 하고 단호하게 말한다. 아기이기 때문에 시간은 짧게 한 번에 10~15분씩 훈련하며, 똑같은 훈련을 하루에 4, 5회 반복해서 몇 주간 또는 1, 2개월 동안 지속한다.

훈련의 열매　엄마가 집안일을 할 때나 손님이 와서 이야기할 때, 아기가 담요 밖으로 나와서 위험한 곳에 가는 일을 방지할 수 있다. 훈련에 익숙해지면 아기는 한 시간 동안이라도 밖으로 나오지 않고 담요 위에서 안전하게 놀 수 있다. 뜨거운 난로 곁에 가거나 위험한 물건 가까이 갈 때마다 아기에게 담

성품의 리더가 세상을 바꾼다

요훈련을 반복적으로 행하면, 아기는 엄마의 "안 돼!"라는 단
호한 목소리만 들어도 멈추게 된다.

　유아기 때는 엄마가 늘 곁에서 즉각적으로 필요를 채워 주
고 안아 주며, 만져 주고 부드럽게 대화해 줌으로써 정서적으
로 친밀감과 안정감을 갖게 해 주면서, 위와 같은 가벼운 반복

훈육을 통해 자기를 통제할 수 있는 능력을 키워 줄 수 있다. 아기들은 이러한 훈련을 통해 이때부터 부모와 다른 방에 있더라도 밤새 울지 않고 혼자 자는 습관을 갖게 된다.

주의사항 이 시기에 형성된 어머니와의 신뢰감이나 불신감이 가족관계, 이웃관계, 사회적인 인간관계에도 영향을 미친다. 그래서 어머니는 이 시기에 깊은 사랑과 관심을 가지고 아기의 필요를 채워 주는 것을 소홀히 해서는 안 된다. 담요훈육과 같은 단순한 훈련도 어머니의 목소리 높낮이나 손이 아이에게 부정적인 느낌이나 상처가 되지 않도록 조심하며 시행해야 한다.

유아기(2세에서부터 6세까지)

이 시기의 아이들은 자기의 생각을 말로 표현하고, 자율적으로 행동하려고 하며, 외부 세계에 관심을 갖고 도전하려고 한다. 유아기 때의 아이들은 인간관계를 이해하며 놀이를 통해 사물을 이해하는 능력이 발달한다. 이때 아이들은 자기의 독특한 성격대로 행동하고, 이기적인 욕구를 관철하려는 의지가 강해

 성품의 리더가 세상을 바꾼다

지며, 사회나 공동체에 대한 이해가 넓어져서 가족이나 공동체를 통해 사회성을 배우게 된다. 그러나 "세 살 버릇 여든까지 간다"는 말이 있듯이, 아이가 만 3세가 되기 전에 나쁜 습관이나 이기적인 욕구를 통제할 수 있는 능력을 키워 주어야 한다.

인간 발달단계로 볼 때 아이가 만 3, 4세가 되면 뇌와 감성 능력의 50%가 발달한다고 한다. 이 말은 3, 4세까지 우리의 감성과 지능의 50%가 결정된다는 뜻이다. 이때 지능뿐만 아니라 신체적 · 정서적 · 성격적인 부분들이 건강하고 올바르게 발달하도록 자극하지 않으면 평생토록 결함을 갖게 된다. 또 이때 가치관, 도덕성, 태도, 성품 등의 기초도 형성된다. 이 시기에 잘못 잡혀진 고집이나 습관들은 평생 지속될 가능성이 크다. 그래서 이 나이 때 올바르게 훈육하는 것이 그만큼 중요하다. 이때의 아이들은 벌써 부모에게 의도적으로 반항하기 시작한다. 그러나 부모는 이에 주의 깊게 대응해야 한다.

훈련방법

이때는 아이들이 습득하고 발전시켜야 할 좋은 성품의 규칙을 세워 놓아야 한다. 그리고 아이들이 그 뜻을 이해하고 실행하도록 교육해야 한다. 좋은 성품의 언행을 했을 때는 칭찬이나 상을 주고, 그것을 어겼을 때는 그때마다 지적하여 주의를 주도록 한다. 그러나 아이가 반복해서 성품의 규칙을 어기거나 부모에게 반항하면 불이익이나 불편한 처우를 당할 수 있다는 것을 알게 하는 등 엄하게 대처해야 한다.

잔가지는 잘라서 없애 주고, 좋은 양분은 공급해 주어야 과일나무가 좋은 과실을 맺듯이, 아이들에게도 상벌을 잘 구분하여 줌으로써 좋지 않은 언행은 통제하고, 좋은 언행은 발전시키도록 훈련해야 한다.

주의사항 자녀의 의도적인 반항에 강하게 대처해야 하지만 그렇다고 이 시기의 아이를 너무 강압적으로 사사건건 통제하면 아이들은 점점 거짓말을 하게 된다. 그들은 욕구를 자제하는 능력이 약하기 때문에 하고 싶은 대로 하고, 하지 말아야 할 것을 한 후에는 부모에게는 하지 않은 것처럼 거짓말을 한다. 거짓말을 한 것에 대해서는 응당한 훈계를 해야 하지만, 이보다도 더 중요한 것은 아이들이 자주 거짓말을 하지 않도록 자유롭게 탐험하고 창의적인 시도를 할 수 있도록 늘 여지를 주는 것이 중요하다.

만일 만 3세에서 6세 사이에 있는 자녀를 의도적으로 훈육하지 못한 채 아이가 이미 나쁜 습관에 사로잡혀 버렸다면 어떻게 해야 하는가? 그래도 희망을 가져야 한다. 아직 50%는

교정할 수 있는 기회가 남아 있다.

아동기(7세에서부터 12세까지)

이 시기는 초등학교에 들어갈 무렵으로, 아이들의 인지능력이 성인 수준으로 발달한다. 단, 무엇을 만들거나 지식을 통합하는 속도는 어른보다는 느리지만 그래도 구체적으로 인지하는 능력을 가지고 열등감, 우월감 등을 느끼게 된다. 이때는 지적 호기심과 성취욕이 강해지기 때문에 자신이 성취한 것을 통해 인정받고 자신의 능력과 가능성을 확인하려는 욕구가 강해진다.

훈련방법

아이들의 지적 호기심과 성취욕을 채워 주면서 성품훈련을 해 나간다. 성품훈련을 하는 이유와 필요성을 스스로 생각해 볼 수 있도록 기회를 제공하고 지적인 데이터를 제공한다. 부모가 말로만 설명하지 말고 구체화된 자료를 제공하라. 또 성품을 훈련하기 위한 목표를 구체적으로 정하고, 단위를 잘게 나누어 그것을 성취했을 때의 승리감을 맛보게 하라. 아이들은 자신과의 싸움에서 작은 승리를 경험했을 때 그 충만감 때문에 다음 단계로 나아가게 된다. 물론 이 시기에 아이들을 제대로 훈육하지 못하여 아이들이 부모에게 복종하지 않고 좋지 못한 습관이나 악한행동을 하게 된다 해도 아직 늦지는 않았다. 그렇지만 이 시기의 아이들은 아직도 모든 면에서 부모에 대한 의존도가 절대적으로 높기 때문에 여전히 부모가 주도권을 가지고 있으므로, 강하게 훈육할 수 있는 장점이 있다.

주의사항 이때부터는 징계할 때 강압적으로 대하지 말고 점차 대화로 훈육하는 비중을 늘려가야 한다. 이 시기에 인지능력이 성인 수준까지 발달한다는 것을 생각할 때, 부모는 아이들을 지성과 감성을 지닌 완벽한 존재라는 것을 전제로 인격적인 대화로 지도하고 가르치는 단계로 발전해야 한다(예를 들면, 9장에 있는 '경청을 통한 사랑의 대화'를 참조하라).

대략 만 12세가 될 때 인간의 지능과 감성의 80%가 완성된다고 한다. 만일 이 시기에 올바른 성품과 습관이 정착되지 않는다면 이후 평생에 걸쳐 바뀔 수 있는 가능성은 단지 20%밖에 남아 있지 않은 것이다. 그렇다면 이 시기가 부모가 강력한 주도권을 가지고 자녀를 훈육할 수 있는 마지막 기회가 될

지도 모른다. 그래서 생후 6년부터 12년 동안의 자녀교육은 특별히 더 중요하다고 할 수 있다.

청년기(13세에서부터 20세까지)

이 시기에 아이들은 신체가 성숙해지고 부모에게서 심리적으로 독립하게 되며, 자신에 대한 통찰력과 자기정체성을 갖게 된다. 만 12세를 전후해 사춘기를 맞게 되면서 신체적인 변화도 급격히 일어나고 감성적으로 민감해진다. 사회에 대한 관심이 커지고 부모로부터 자립적으로 생각하고 행동하려고 하면서 부모와 대립하고 갈등을 일으키기 쉽다.

훈련방법

이때부터 부모는 자기 자녀를 어린아이가 아니라 인격적인 한 성인으로 간주하고 성숙한 대화로 이끌며 코치해야 한다. 특히 이때부터 부모는 아이에게 양육자나 관리자로서의 부모 역할이 아니라 코치로서의 부모 역할을 해야 한다. 모든 것을 일방적으로 가르치는 것이 아니라 인생을 돕는 코치가 되어 질문 형식으로, 아이가 스스로 대답을 찾아내어 해결할 수 있는 대화 형식으로 이끌어 주어야 한다. 예를 들면 "네가 이번 시험준비를 잘 못하고 있어서 힘들어하고 있는 것 같은데, 엄마가 어떻게 도와줄까?" "엄마가 보기에 네가 그 친구와 싸운 후 힘들어하는 것 같구나. 싸우게 된 근본적인 이유가 무엇이라고 생각하니? 다음에 또 그렇게 싸우지 않으려면 네가 어떻게 하면 좋겠니?"와 같이 스스로 문제를 찾아 해결하도록 코치로서 돕는 것이다.

주의사항 이 시기에는 체벌이 통하지 않으며 일방적인 가르침이 효과를 발휘하지 못하기 때문에 훈육이 더욱 어렵다. 게다가 부모를 의존하려는 경향이 낮아지기 때문에 부모가 이전처럼 그들의 인생에 있어서 주도권을 행사하기가 어렵다.

부모에게는 자녀의 인생에 직접적인 영향을 미칠 수 있는 마지막 기회이기 때문에 이 기회를 놓쳐서는 안 된다. 자녀의 반항심을 자극하지 않으면서도 부모를 존중하고 순종할 수 있도록 모든 지혜를 동원해야 한다.

성품의 리더가 세상을 바꾼다

20세 이후

아이들의 발달단계에 따라서 부모의 역할이 어떻게 바뀌어야 하는지를 알고 자녀를 양육하는 일은 매우 중요하다. 20세 이후부터는 부모가 자녀에게 미치는 영향이 이전만큼 크지 않기 때문에 간접적인 역할을 할 수밖에 없다. 그러나 그렇다 할지라도 부모로서의 역할이 그것으로 끝난 것은 아니다. 부모의 역할은 자녀가 결혼과 함께 '본토 친척 아비를 떠날' 때까지 지속되는 것이다.

결혼과 함께 자녀가 하나님 앞에서 새로운 가정을 이루면 하나님께서는 그 가정의 가장을 통해 일하실 것이다. 부모된 우리는 기도해 주고 조언해 주는 인생의 선배로서, 또한 삶의 동반자이며 든든한 지지자로서 자녀와의 관계를 맺고 유지해야 한다.

하나님께서 우리에게 자녀를 맡기시고 양육하게 하신 시기는 매우 짧다. 아기가 태어나면서부터 시작되는 성품훈련은 실제로 12세 이전이 가장 효과적이다. 가장 좋은 것은 아이들이 훈육받기 좋을 만큼 어릴 때부터 그들의 부드러운 마음속에 하나님의 성품을 심어 주는 것이다. 그래서 아이들의 죄 된 속성이 잡초처럼 자라나 아이 안의 생명과 질서와 창조성을 잡아먹지 않도록 도와주는 것이다.

그러나 그 시기를 놓치고 사춘기를 맞은 아이에게 성품을 어떻게 훈련시킬 것인지의 문제는 코칭과 연결해서 방법을 찾을 수 있기 때문에 해결이 가능하다. 12세 이후부터 20세를 넘긴 자녀의 훈육에 대해서는 더욱 신중을 기해야 한다(예를 들면,

성품의 리더가 세상을 바꾼다

9장 '자녀의 성품을 넓혀 주는 부모 코칭'을 참조하라).

세계적인 부모 코치로 활약하고 있는 다이애나 해스킨스는 자신의 저서 《자녀를 성공시키려면 코치가 되라》(아시아코치센터)에서 "0세에서 6세까지의 자녀에게 부모는 교사의 역할을 해야 하고, 7세부터 12세까지의 자녀에게는 관리자의 역할을 해야 하며, 13세 이후의 자녀에게 부모는 코치의 역할을 해야 한다"고 말하고 있다. 저자는 이 책에서 자녀가 청소년에서 장성한 청년으로 자라가는 동안 부모를 자신의 강력한 지지자로 존중하고, 계속적으로 친밀한 관계를 유지해 갈 수 있도록 이끄는 코칭 방법을 자신의 경험을 통해 알기 쉽게 제시해 주고 있다. 성인과 같은 사고와 능력을 가진 장성한 자녀에게는 어린아이와는 다른 접근방법이 필요하다. 이러한 자녀를 둔 부모는 코치부모가 되기 위해 노력해야 한다(예를 들면, 9장에 있는 '성품훈련을 위한 사랑의 코칭대화'를 참조하라).

자녀에게 책임감에 대해 코칭해 주라. 그러면 자녀는 스스로 책임지는 리더가 되어 있을 것이다. 첫 번째 인식 단계에서는 자신에게 굴레가 되는 오래된 문제, 해결하기 힘든 문제를 꺼낸다. 예를 들어 어떤 자녀가 친구를 사귀지 못하여 외로움을 탄다는 문제를 인식했다고 하자. 첫 번째 단계에서는 왕따의 위기에 처한 자녀의 문제를 인식한다.

그리고 두 번째 평가 단계로 넘어가면 그 문제에 대한 자신의 역할에 대해 평가해 보는 것이다. 부모는 자녀에게 친구를 사귀지 못하는 데 1%라도 책임이 있지는 않은지 물어본다. 그러면 자녀는 곰곰이 생각하면서 분명히 자신의 책임을 하나둘 찾아낼 것이다.

 성품의 리더가 세상을 바꾼다

마지막 계획 단계에서는 책임감에 대한 질문을 한다.

"그렇다면 어떻게 해야 친구를 사귈 수 있을까?"

질문형식의 돌봄을 통해 자녀는 자신의 책임을 찾아냈기 때문에 자신의 책임의식을 개선하면 된다는 생각을 하게 될 것이다. 그 가운데 자녀는 어려운 문제를 함께 고민하며 해결책을 찾게 되고 어떠한 문제에서든 자신의 책임이 더 중요하다는 사실까지도 알게 될 것이다.

자녀교육을 농사짓는 일과 비교해 보면 비슷한 점을 알 수 있다. 농사를 지을 때, 씨를 뿌리고 물을 주며 잡초를 뽑아 주어야 할 때를 알고 실천하는 것이 무엇보다 중요하다.

충분한 수분과 영양공급, 병을 예방하고 잡초를 제거해 주는 일 등 모든 일들이 농부의 사랑과 세밀한 보살핌에서 나오는 것처럼, 자녀양육 또한 농부의 마음으로 자녀에게 시기에 맞는 양육을 적절한 방법으로 시행해야 한다.

때를 거슬러 찬바람이 불 때 씨를 뿌리면 그 씨는 싹을 틔워보지도 못하고 썩게 된다. 또 때에 맞춰 씨를 뿌리고도 돌보지 않으면 열매를 거두러 나간 가을 들판에서 빈 껍질들이 작은 바람에도 힘없이 부딪히고 부서지는 황량한 광경을 목격하게 될 것이다.

성품을 견고하게 하는 부모의 기도

성품과 순전함에 대한 기도

하늘에 계신 아버지여! 제 자녀 _____ 의 성품을 강하게 하
셔서, 그 아이에게 다가오는 모든 유혹을 물리칠 수 있도록 도와주소
서. _____ 가 자기가 옳다고 믿는 것에 충실할 수 있도록 도와주
시고, 그에게 힘이 필요할 때 주를 의지하게 하소서.[1] 주를 의지함으로
써 그 아이가 언제나 순전한 마음으로 살아가게 하소서.[2] 모든 상황에
서 크리스천의 순전함이 그를 인도하게 하시고, 그 순전함으로 모든
유혹을 다스리게 하소서.

제 자녀로 하여금, 자신에게 다가오는 모든 유혹들은 어디서나
누구나 일반적으로 겪을 수 있는 일이라는 것을 깨닫게 하여 주시옵소
서. 또한 주님! 유혹이 다가올 때, 그가 자신을 도와주시는 주님의 힘
과 지혜와 능력을 알게 하옵소서. _____ 로 하여금, 주님께서는
우리가 항상 모든 시험과 환란을 당할 때, 피할 길을 주시는 분이라는
것을 깨닫게 하여 주옵소서.[3]

아버지! 제 자녀의 인생에 은혜가 넘치게 하시고, 그가 거룩한 성
품의 온전한 인격을 지니게 하시고 충실하게 자신의 길을 가게 하소

서.[4] 그가 가는 길이 언제나 주 앞에서 한결같고 성실하게 하소서.

그 아이의 마음을 정결하게 하시고, 극히 어려운 상황에서도 순전함을 버리지 않으셨던 주님을 닮고자 항상 힘쓰게 하소서.[5]

_____의 영혼을 지켜 주시고, 주님! 모든 악에서 건져 주시옵소서.[6] 기도하오니, 결코 그 아이가 주님을 의지하는 것을 부끄러워하지 않게 하시고, 그가 주를 바랄 때에 순전함과 정직으로 보호하여 주소서.[7]

아버지 하나님! 하나님의 도우심으로 제 아이가 순전하고 정직한 마음으로 살아가게 하소서. 부디 그를 구속하여 주시고 긍휼히 여겨 주시옵소서.[8] 주님의 그 순전하심으로 그 아이를 먹이시고 기르시며, 그 능숙하신 주님의 솜씨로 인도하소서.[9] 주의 성실하심과 오묘한 솜씨로 그의 일생을 지켜 주소서. 그리고 인생의 모든 것은 그 마음에서 시작되고, 사람이 그 마음에 생각하는 바에 따라 그 사람됨도 그러하다는 것을 _____가 깨달을 수 있도록 인도하소서.[10] 주님! 그가 무엇보다 부지런을 내어 그 마음을 지킬 수 있도록 은혜를 주시고,[11] 항상 기꺼이 자기 마음이 옳은 것을 따라 행동하게 하소서.

📖 인용성구

1. 눅 1:51, 2. 창 20:6, 3. 고전 10:13, 4. 고후 9:8, 5. 욥 27:5, 6 눅 11:4, 7. 시 25:21, 8. 시 26:11, 9. 시 78:72, 10. 잠 23:7, 11. 잠 4:23

오, 나의 하나님!
세상의 모든 지혜와 이성보다도 주님께서 나의 곁에 서 계셔 주시옵소서.

오, 주여! 나의 소원을 들어주시옵소서.
오직 주님의 지혜와 뜻으로만 내게 맡겨 주신 책임을 이루게 하여 주옵소서.
나의 지혜나 뜻으로 하지 않게 하옵시고 주님의 뜻으로만 이루어지게 하옵소서.

나 자신의 지혜와 뜻으로는 나를 대적하는 세상의 큰 세력을 감당할 수 없습니다.
나 자신의 뜻대로 한다면 편안을 원하여
모든 시끄러운 일에서 벗어나려고 할 것입니다.

그러나 주님의 지혜와 뜻은 의롭고 영원합니다.
오, 참으로 영원하신 하나님! 나와 함께하여 주시옵소서.

이것이 주님의 뜻이면, 어떻게 해야 이를 확실히 성취하는지 가르쳐 주시옵소서.
나의 일생에 있어서 나의 능력으로는 이러한 큰 세력에 대항하여
책임을 지고 일해 본 기억이 없습니다.

오, 하나님! 나의 편이 되어 주시옵소서.
예수 그리스도의 이름으로 인하여 나의 편이 되어 주시옵소서.

마르틴 루터 〈주님이 나의 능력이 되시옵소서〉

chapter.7

성품훈련 실행하기

성품의 정의

성품훈련을 실행하는 순서

1. 성품의 정의와 뜻 이해하기

2. 성품에 대한 하나님의 말씀 이해하기

3. 생활에 적용하여 성품을 습관화하기

4. 매일 실행상황을 점검하고 확인하기

성품훈련을 집이나 학교에서 실시할 때는 먼저 각 성품의 정의와 뜻을 이해해야 한다. 그런 후에는, 성경을 통해 하나님의 명령을 숙지해야 하고, 실행방법을 배우며, 실생활에 적용해야 한다. 그리고 마지막으로 매일 실행상황을 점검하고 확인함으로써 성품을 습관화해야 한다.

이와 같이 성품훈련을 실시할 때 가장 먼저 해야 할 것은 성품의 정의와 뜻을 정확하게 이해하는 것이다.

예를 들면, '순종'은 '자기의지' '고집'의 반대말로서 그 정의는 '나를 책임지고 있는 사람들의 지시를 거역하지 않고 즉시 기꺼이 수행하는 것'이다. 이 정의에 성품을 구체적으로 실행하는 방법이 들어 있다. 순종하는 방법은 '즉시, 기쁘게, 완전하게, 조건 없이, 예 엄마! 하고 대답하는 것'이다.

이것을 잘 실행하기 위해서는 이 뜻을 제대로 이해하고, 실행하는 방법을 구체적인 예를 들어가며 잘 설명해 주어야 한다. 첫째, '즉시'란 꾸물대지 않고 말이 끝나자마자 곧장 실행하는 것을 말한다. '내가 하던 것을 다 마친 후' '조금 있다가' 하는 것은 순종이 아니다.

다음으로 '기쁘게'라는 것은 순종해야 할 때 짜증을 부리거나 불평하는 마음이 아니라 기쁜 마음으로 하라는 것이다. 우리가 좋아하는 일을 지시받았을 때는 이렇게 하는 것이 쉽지만 그렇지 않을 때는 짜증이 난다. 그렇지만 순종이란 지시받

성품의 리더가 세상을 바꾼다

을 때 언제나 기쁜 마음으로 기꺼이 하는 것을 말한다.

또한 순종은 '무조건적으로' 인데 이것도 쉽게 습득되지 않는다. 보통 우리는 순종을 요구받을 때 '용돈을 주면' '그 대신 다른 것을 해 주면'과 같은 어떤 조건들을 제시한다. 그러나 순종이란 아무런 조건 없이 하는 것을 의미한다. 다음으로 '완전하게'는 일부분이 아니라 전부를 말한다. 즉, 지시한 것을 전부 실행하지 않고 일부분만 수행했다면 그것은 순종하지 않은 것이다. 그리고 무엇보다도 중요한 것은 부모나 윗사람이 불렀을 때 "예!" 하고 바로 대답하는 것이다. 그것도 기쁘게 빨리 대답하고 곧바로 지시한 사람을 보거나 그의 앞으로 가야 한다.

성품에 대한 하나님의 말씀 이해하기

우리는 성품훈육을 할 때마다 해당하는 성경구절을 찾고 하나님의 뜻을 확인시키는 것이 중요하다. 이것은 부모가 마음대로 하는 것이 아니라 하나님의 명령임을 숙지시키고 아이들에게 성품훈육을 따라야 하는 객관적인 근거를 제시함으로써 훈육을 권위 있게 한다.

디모데후서 3장 16~17절은 "모든 성경은 하나님의 감동으로 된 것으로 교훈과 책망과 바르게 함과 의로 교육하기에 유익하니 이는 하나님의 사람으로 온전하게 하며 모든 선한 일을 행할 능력을 갖추게 하려 함이라"고 말하고 있다. 이 말씀에 의지하여 해당 성경구절을 찾아 읽으면서 하나님께서 원하시는 성품이 무엇인지 이해하게 한다.

예를 들면, '경청'은 '산만한 태도'의 반대말로서 상대방이 이야기할 때 집중해서 잘 듣거나, 자신이 하고 있는 것에 마음을 기울이고 주목하는 성품이다.

이 성품에 대해 성경은 잠언 4장 20절에 "내 아들아 내 말에 주의하며 내가 말하는 것에 네 귀를 기울이라"고 했으며, 요한복음 10장 27절에서는 "내 양은 내 음성을 들으며 나는 그들을 알며 그들은 나를 따르느니라"고 했다.

한편 '순종'은 '자기의지' '고집'의 반대말로서, 나를 책임지고 있는 사람들의 지시를 거역하지 않고 즉시 기꺼이 수행하는 것을 의미한다.

그것에 대해 성경은 골로새서 3장 20절에 "자녀들아 모든 일에 부모에게 순종하라 이는 주 안에서 기쁘게 하는 것이니라"고 말하고 있으며, 에베소서 6장 1절에서는 "자녀들아 주 안에서 너희 부모에게 순종하라 이것이 옳으니라", 히브리서

성품의 리더가 세상을 바꾼다

13장 17절에서는 "너희를 인도하는 자들에게 순종하고 복종하라"고 말하고 있다.

　이와 같이 자녀는 이 말씀을 근거로 하나님께서 인간이 갖기를 원하시는 성품들을 하나씩 배우고 생활에 적용함으로써 성화의 길로 나아가는 것이다. 우리가 성품을 배울 때마다 하나님의 말씀을 기억하고 적용하게 되면 영원불변한 성경의 진리를 배우고 하나님의 지혜와 성령의 도우심을 구하여 성품의 열매를 맺을 수 있게 된다.

에베소서 4장 24절은 "하나님을 따라 의와 진리의 거룩함으로 지으심을 받은 새 사람을 입으라"고 말하고 있다. 하나님은 우리가 세상에서 죄의 씨앗이 되는 악한 생각이나 언행을 피하고 늘 마음을 새롭게 하여 하나님의 온전한 뜻을 분별하라고 명령하셨다.

우리 아이들이 학교에 다니기 시작하면서 가장 먼저 배우게 되는 것이 나쁜 언행이다. 아이들의 이러한 언행이나 태도를 그대로 묵인하면 순수한 아이였다 할지라도 쉽게 나쁜 언행과 악한 습관에 빠져버리고 만다. 이것을 교사나 부모가 교정해 주지 않으면 아이들은 자라면서 부모나 교사를 비롯하여 위의 권자들을 무시하고 경멸하는 마음을 갖게 된다.

이렇게 악에 빠지기 쉬운 인간의 성향 때문에 하나님께서는 "너희는 이 세대를 본받지 말고 오직 마음을 새롭게 함으로 변화를 받아 하나님의 선하시고 기뻐하시고 온전하신 뜻이 무엇인지 분별하도록 하라"(롬 12:2)고 명령하시는 것이다.

사람의 타락하기 쉬운 성향 때문에 하나님은 성경을 통해 인간이 갖추어야 할 성품의 기준을 제시해 주셨다. 우리는 이 기준에 따라 끊임없이 스스로 훈육하며 성화를 향해 나아가야

한다. 그래서 결국 우리의 성품훈련은 온전한 하나님의 아들인 예수님과 같이 성숙하게 될 때까지 계속되어야 한다.

에베소서 4장 13절에서는 "우리가 다 하나님의 아들을 믿는 것과 아는 일에 하나가 되어 온전한 사람을 이루어 그리스도의 장성한 분량이 충만한 데까지 이르리니"라고 말씀하셨다. 따라서 자녀에게 성품훈육을 할 때마다 가장 먼저 해야 할 것은 관련된 성경말씀을 통해 하나님의 뜻을 이해시키고 그 진리에 따라 삶을 살아가는 습관을 갖게 하는 것이다.

생활에 적용함으로 성품을 습관화하기

우리가 성품에 관해 배우는 이유는 성품을 습관화하여 세상에 유익을 주는 사람이 되고, 또 자기 자신도 행복하고 성공적인 인생을 영위하게 하기 위해서다. 따라서 성품이 내면화되

미국의 성품 선생님이 한국의 부모와 아이들에게
랩북 만드는 방법을 설명하고 있다

어 다른 사람이 보지 않을 때도 무의식적으로 하나님의 진리와 성품의 원칙에 따라 행동할 수 있도록 일상생활에서 적용하고 익히는 연습이 필요하다.

이와 같이 되기 위해서는 한두 번의 연습으로는 어렵다. 매일 가정에서 때와 장소를 가리지 않고 연습하며, 부모를 비롯하여 가족들이 함께 점검해 주고 책임져 주는 상호협력이 필요하다. 보통 한 가지 성품의 주제를 한 달간 실시하는 것이 바람직하다. 한 가지 성품에 대해 한 달간 매일 아침 큐티하면서 그달의 성품으로 시작해서 일상생활 속에서 계속 적용하며 실행하는 노력이 필요하다.

성품 '경청'에 대해 깊이 있게 배우기 위해
아이들이 음악가들을 조사한 랩북이다

부모와 함께 성품 주제를 정해
즐겁게 랩북을 만드는 장면이다

성품훈련의 세 번째 단계인 생활에 적용함으로 성품을 습관화하기는 관련된 책 읽기, 놀이나 실험을 통해 경험하기, 현장 방문하기, 그림 그리기, 음악으로 익히기, 그리고 랩북 만들기 등을 통해 실행하는 게 도움이 된다. 지식과 경험이 부족한 아이들이 이론만으로 성품을 배우기란 쉽지 않다. 어른들도 수많은 책을 읽고 사람들에게 조언을 듣지만 잘 변하지 않는다. 특히 집중력과 경험이 부족한 아이들에게는 다양한 창조적인 방법을 통해 쉽고 재미있게 성품훈련을 즐길 수 있도록 해 주는 것이 좋다.

생활에서 적용하며 배우기에 대한 예를 들면 다음과 같다.

토론하기와 그림 그리기   요나서를 읽고 요나가 어떻게 불순종했는지 적고 또 어떤 벌을 받았는지, 그 후에 어떻게 다시 순종했는지를 토론한다. 그리고 그것을 각자 색연필이나 크레파스로 그림을 그려서 표현한다.

게임하기   엄마가 아이들에게 "엄마가 말씀하시길" 하고 말하면 아이들이 그대로 실행함으로써 순종하는 것을 연습시키는 게임이다. 잘한 아이에게는 선물을 주거나, 엄마가 몇 번 인도한 후 아이들이 엄마 역할을 하면서 게임을 인도하게 하는 것도 효과적이다.

게임은 다음과 같이 엄마가 "엄마가 말씀하시길 두 손을 들어라" 하고 말하는 것으로 시작한다.

> "엄마가 말씀하시길 두 손을 들어라." - 아이들은 두 손을 들어야 한다.
>
> "선생님이 말씀하시길 코를 만져라." - 아이들은 코를 만져야 한다.
>
> "도둑이 말씀하시길 껑충 뛰어라." - 도둑은 순종할 대상이 아니기 때문에 뛰면 걸린다.

이때 순종해야 할 대상은 엄마, 아빠, 국회의원, 목사님, 할아버지, 누나 등이며, 순종하지 말아야 할 대상은 도둑, 모르는 사람, 유괴범, 나쁜 친구 등이다. 이 게임은 어린아이들에게

성품의 리더가 세상을 바꾼다

순종해야 할 대상을 분별하게 하고 그의 말에 순종하는 것을 연습시키기 위한 것이다.

이밖에 해당 성품으로 큰일을 하여 존경받는 위인전을 읽고 토론하기, 관련된 박물관이나 기념관 방문하기 등 가족이 함께 실행할 수 있는 다양한 방법들을 고안하면 효과적이다.

매일 실행상황을 점검하고 확인하기

성품을 올바르게 이해하기 위한 공부를 하고 나서 실생활에 적용할 때, 아이들이 성품을 실행할 때마다 형제자매끼리 서로 칭찬하고 자극을 주도록 인도하면 훈련의 효과가 높아진다. 또 '성품점검표'를 만들어 매일 체크하는 것도 중요하다. 자녀가 그날 목표한 성품의 행동을 얼마나 이행했는지 점검표에 표시하는 것이다. 큰 종이에 적어서 벽에 붙여놓고 스티커를 붙이는 등 눈에 띄는 곳에 두고 가족이 서로 확인하게 하는 것도 효과적이다. 이것을 한 달간 체크한 후에 달성도에 따라 미리 정한 상이나 벌을 주면 아이들에게 큰 동기부여가 되고 강력한 효과를 발휘한다.

훈련할 때 성품은 우리의 행동을 좌우하므로 어떤 일의 성취 그 자체보다는 성품을 칭찬하는 것이 더 유익하다. 예를 들면, 아이가 학교에서 상을 받았을 경우, 그 아이가 경쟁에서 이긴 것을 칭찬하는 것이 아니라 아이의 성실함과 인내에 초점을 맞추어 칭찬하는 것이다. "네가 이런 상을 받은 걸 보니 참 성실하고 인내심이 많구나" 하는 말로 성품 계발에 대한 동기를 유발하는 것이다.

아이들도 어른들과 마찬가지로 좋은 성품을 실행하고자 하는 열정이 있다. 일상생활에서 아이들이 좋은 성품을 나타내는 데 실패했을 때 부모가 지적하는 것보다, 좋은 성품을 나타냈을 때 놓치지 않고 칭찬함으로써 자녀들의 성품 계발을 더욱 효과적으로 도울 수 있다.

성품 매일 점검표

			월	화	수	목	금	토	합계
순종 Obedience	정의	자기를 책임지고 있는 사람의 현명한 지시를 즉시 기쁘게 행하는 것							
	실천	즉시, 기쁘게, 완전하게, 불평없이, 다른 일까지							
경청 Attentiveness	정의	나의 모든 것을 집중하여 상대방이나 일에 그 가치를 보여 주는 것							
	실천	바른 자세로, 얼굴을 보며, 완전히 상대에게 집중하며, 상대의 말에 반응하며, 상대가 먼저 말을 요약하면서 반응하기							
질서 Orderliness	정의	더 큰 능률을 얻기 위해 자신과 주변 환경을 정리하는 것							
	실천	가정, 학교, 사회의 정해진 질서 지키기, 자기 주변의 물건을 정리정돈 하기, 나쁜 습관은 없애고 좋은 습관을 만들어 가기							

*작성 방법: 10점 만점 기준으로 매일의 실행 점수를 쓰세요.

성품을 견고하게 하는 부모의 기도

균형 있는 교육을 위한 기도

　　하나님 아버지! 이 시간, 제 자녀의 교육 문제로 기도합니다. 그에게 하나님의 지혜로 충만한 크리스천 스승을 보내 주옵소서. 그의 모든 선생님들이 주의 말씀을 알아서, 그 진리의 말씀으로 교육하게 하여 주소서. 그 선생님들로 하여금, 지혜로운 자의 혀는 올바른 지식을 베풀지만 어리석은 혀는 그 어리석음을 말로 쏟아낸다는 것을 깨닫게 하여 주소서.[1] 부디 제 자녀 ＿＿＿＿＿＿에게 복을 주사,[2] 그가 좋은 교육을 받게 해 주시옵소서. 그래서 정신적으로나 신체적으로, 감정적으로 사회적으로, 영적으로 긍정적인 지도를 받아 올바르게 성장할 수 있도록 인도해 주소서.

　　제가 하나님께 인정받는 일꾼이 되기 위해 진리의 말씀을 올바르게 분별하고 열심히 공부하게 이끌어 주소서.[3] 하나님! 주의 지혜를 찾는 사람과 명철을 얻는 사람들이 항상 번성하며 성공한다는 사실을 알게 하여 주소서.[4] 그리고 그가 마음에 지혜를 얻어서,[5] 부지런히 자기 마음을 지키게 해 주소서. 생명의 근원이 마음에서 나오기 때문입니다. 또한 아버지! 그가 항상 주 하나님의 말씀을 경외하게 하여 주옵소서. 주의 목소리에 주의를 기울이고, 주의 말씀에 귀를 기울이게 하여 주소서. 주의 말씀은 그것을 얻는 자에게 생명이 되며, 온 육체에 건강을 줍니다.[6]

제 자녀에게 지혜로 충만히 채워 주셔서, 그가 항상 주의 뜻을 분별할 수 있도록 인도해 주소서.[7] 주 하나님께 힘과 지혜가 있다는 것을 항상 기억할 수 있게 해 주시고,[8] 마음 깊은 곳까지 주의 지혜로 가득 채워 주소서.[9] 또한 모든 신령한 지혜와 명철로써, 하나님의 뜻을 아는 지식으로 충만하게 채워 주소서. 그로 말미암아 주의 뜻을 분별하여, 주님 앞에 합당하게 살아가게 하소서. 모든 일에서 주를 기쁘시게 하고, 모든 선한 일에서 열매를 맺으며, 점점 더 하나님의 뜻을 잘 분별해 내는 사람으로 자라게 하여 주소서.[10]

🔖 인용성구

1. 잠 15:2, 2. 마 7:7~8, 3. 딤후 2:15, 4. 잠 3:13, 5. 시 90:12, 6. 잠 4:20~23, 7. 출 28:3, 8. 욥 12:13, 9. 시 51:6, 10. 골 1:9~11

배움에 철저하고 의무에 충실하며
과거를 돌아보고 미래가 뚜렷하며

현실에 강하면서 자신을 책임지는
꿈을 가진 자녀로 자라가게 하소서.

고난에 도전하고 정의에 용감하며
승리에 겸손하고 패자엔 관용하며

자신을 다스러서 헛되지 않은 삶을
고백하는 자녀로 성숙하게 하소서.

작자 미상 〈이런 자녀가 되게 하소서〉

chapter.8

성품의 종류

미국 사회에 성품의 기준과 방법을 제시해 주고 기독교 홈
스쿨 발전에 크게 공헌한 빌 가서드(Bill Gatherd)가 설립한 미국
품성개발원(IBLP)은, 하나님께서 성경에 제시하신 인간이 갖추
어야 할 성품을 49가지로 정리했다.

빌 가서드는 자녀가 어릴 때부터 이러한 성품을 가르치고
훈육하여 성숙한 사회인으로 키우는 것이 부모의 가장 중요한
역할이라고 말하며, 기독교인뿐 아니라 사회인들의 성품을 계
발하고 훈련시키는 데 자신의 삶을 투자하고 있다. 그가 정리
한 49가지 성품은 다음과 같다.

1. 경계심 2. 결단력 3. 융통성 4. 분별력 5. 성실성 6. 겸손 7. 솔선 8. 포용력 9. 믿음 10. 신중함 11. 경의심 12. 믿음직함 13. 경청 14. 근면 15. 자선 16. 과단성 17. 끈기 18. 열심 19. 존경 20. 유용성 21. 용서 22. 후함 23. 온순 24. 감사 25. 창의성 26. 환대 27. 절제 28. 자비 29. 기쁨 30. 정의 31. 충성 32. 온유 33. 순종 34. 정돈 35. 인내 36. 설득 37. 시간엄수 38. 자원력 39. 책임감 40. 안정 41. 조심성 42. 민감성 43. 담대함 44. 철저함 45. 검약 46. 만족 47. 진실성 48. 덕성 49. 지혜

또 기독교 홈스쿨링 교육의 산 경험자이며, 탁월한 성품 중심 교과서를 만들어 수많은 기독교 가정에 영향을 미친 제시카 훌시(Jessica Hulcy)의 코노스 성품 커리큘럼은, 실제로 초등학교 6년간의 모든 지식을 성경과 성품의 원리를 중심으로 습득하도록 구성되어 있다. 제시카는 다음의 성품을 중점적으로 다루었다.

성품의 리더가 세상을 바꾼다

경청, 순종, 질서, 신뢰, 인내, 청지기, 존경, 책임감, 사랑, 친절, 탐구심, 용기, 지혜, 충성심, 협동, 결단력, 진실성, 절제, 자발성, 자원력, 기쁨 등

나는 IBLP와 코노스가 정리한 성품의 내용들을 참고로, 인간생활에서 가장 핵심을 이루고 있는 중요한 성품의 핵심내용을 한국 상황에 맞추어 이해하기 쉽게 정리하였다. 그것은 '경청, 순종, 질서, 인내, 신뢰, 청지기, 용기, 책임감, 지혜, 충성, 신중함, 결단력, 융통성, 분별력, 자신감, 청의성, 정직, 성실, 겸손, 절제' 이다.

이제 성품 중에서 가장 기본적이고 필수적이라고 생각되는 중요한 스무 가지 성품의 정의와 핵심원리를 이용하여 가정에서 성품훈육을 실행해 보라.

1. 경청

정 의 | 자세히 듣고 주의 깊게 관찰하는 것

방 법 | 1. 바른 자세로 듣는 것

　　　　 2. 얼굴을 보며 듣는 것

　　　　 3. 하던 모든 일을 놓고 상대방에게 집중하는 것

　　　　 4. 상대방의 말에 반응하며 듣는 것

　　　　 5. 상대방의 말을 요약하며 듣는 것

경청은 '산만한 태도'의 반대말로서, '자세히 듣고 주의 깊게 관찰하는 것'이다. 경청은 우리가 보통 듣는 것보다 더 깊이 있게 듣는 것으로, 말하는 사람의 내용이나 정보를 잘 이해하려고 집중하는 것이다. 또한 이야기한 것을 잘 기억할 수 있도록 기록하면서 듣거나, 이해가 안되는 것에 대해서는 다시 질문하여 최대한 잘 듣고 이해할 수 있도록 관심을 기울이고 집중하는 것이다. 사람이 성장하기 위해서는 열심히 배워야 하는데, 가장 잘 배우는 비결은 가능한 한 많이 질문하고 그 대답을 주의 깊게 듣는 것이다. 경청한다는 것은 다른 사람을 존중한다는 표현이기 때문에 경청을 잘하는 사람은 또한 다른 사람들에게 존경을 받는다.

성품의 리더가 세상을 바꾼다

하나님께서도 늘 우리가 그분의 말에 귀 기울이고 듣기를 원하신다. 우리가 하나님의 말씀을 듣기 위해 집중할 때 하나님께서는 우리에게 지혜를 주시고, 계획하신 것을 보여 주신다.

하나님께서 솔로몬에게 "네가 구하는 것을 줄 테니 구하라"고 하셨을 때 솔로몬은 "듣는 마음을 종에게 주사 주의 백성을 재판하여 선악을 분별하게 하옵소서"(왕상 3:9)라고 말했다. 그러자 하나님께서 "네가 부귀영화를 구한 것도 아니고 네 백성의 말을 잘 듣고 분별하는 지혜를 구했으니 네게 지혜롭고 총명한 마음도 주고 네가 구하지도 않은 부귀영화까지도 주겠다. 그리고 세상에서 가장 큰 영광을 누리게 해 주겠다"고 하셨다. 솔로몬은 하나님의 약속대로 살아 있는 동안 세상에서 가장 뛰어난 왕으로 온갖 부귀영화를 누렸다. 이렇듯 잘 듣는 것은 지혜를 얻는 방법이며 순종의 표현이다. 그래서 하나님께서는 잘 듣는 자에게 리더십과 많은 능력을 주신다.

📖 "지혜 있는 자는 듣고 학식이 더할 것이요 명철한 자는 지략을 얻을 것이라"(잠 1:5).

📖 "내 아들아 내 말에 주의하며 내가 말하는 것에 네 귀를 기울이라"(잠 4:20).

2. 순종

정 의 ┃ 나를 책임지고 있는 사람들의 현명한 지시를 즉시 기꺼이 수행하는 것

방 법 ┃ 1. 즉시 2. 기쁘게 3. 조건 없이 4. 완전하게
5. '예' 하고 대답함

순종해야 할 대상 ┃ 하나님, 부모님, 다른 권위자들, 나라의 정치가들, 선생님, 나를 돌봐 주는 사람들

'자기의지'나 '고집'의 반대말로서, 나를 책임지고 있는 사람들의 지시를 즉시, 기쁘게, 조건 없이, 완전하게 실행하는 것이다. 우리의 권위자가 우리에게 지시를 내릴 때는 이유를 잘 몰라도 먼저 즉시 순종해야 한다. 그리고 이유가 궁금할 때는 먼저 순종한 다음에 물어야 한다. 그것이 즉시, 기쁘게, 조건 없이, 완전하게, '예' 하고 대답하는 순종의 자세다.

부모는 다른 사람이나 자녀에게 순종에 대해 영향력을 미치기 위해 먼저 자신이 순종하는 법을 배워야 한다. 위의 권위에 잘 순종하는 사람이 좋은 리더가 될 수 있다. 왜냐하면 지도력의 기술은 권위자들에게 순종할 때 더 잘 배우게 되고 발전하기 때문이다. 위의 권위자들은 지시를 잘 따르고 임무를 잘

성품의 리더가 세상을 바꾼다

수행하는 사람에게 자신의 노하우를 기꺼이 전수하고 중요한 일들을 맡긴다.

하나님께서는 자신에게뿐만 아니라 세상의 제도로 정해진 모든 위의 권위자들에게 순종하라고 하셨다. 또한 부모에게 순종할 뿐만 아니라 남편에게도 주께 하듯 순종하라고 말씀하셨다. 특별히 아이들은 아주 어렸을 때부터 누구를 따르고 복종해야 하는지를 배워야 한다. 어려서 부모에게 순종하는 것을 배운 자녀들은 성장해서도 세상의 권위자들과 하나님께 자연스럽게 순종하게 된다.

순종은 우리가 나타낼 수 있는 사랑의 표현이다. 예수님은 "너희가 나를 사랑하면 나의 계명을 지키리라"(요 14:15)고 말씀하셨다. 또 "나의 계명을 지키는 자라야 나를 사랑하는 자니 나를 사랑하는 자는 내 아버지께 사랑을 받을 것이요 나도 그를 사랑하여 그에게 나를 나타내리라"(요 14:21)고 말씀하셨다. 즉, 부모를 사랑하는 자녀는 부모에게 순종하며, 하나님을 사랑하는 성도는 하나님 말씀에 순종하는 것이 당연하다. 이와 같이 순종은 바로 그 사람에 대한 우리의 사랑의 표현인 것이다.

또한 하나님께서는 순종하는 자의 인생을 풍성하게 해 주신다고 약속하셨는데, 신명기 11장 13~15절 말씀에 잘 나타나 있다. "내가 오늘 너희에게 명하는 내 명령을 너희가 만일 청종하고 너희의 하나님 여호와를 사랑하여 마음을 다하고 뜻을 다하여 섬기면 여호와께서 너희의 땅에 이른 비, 늦은 비를 적당한 때에 내리시리니 너희가 곡식과 포도주와 기름을 얻을 것이요 또 가축을 위하여 들에 풀이 나게 하시리니 네가 먹고 배부를 것이라."

"내 아들아 네 아비의 명령을 지키며 네 어미의 법을 떠나지 말고 그것을 항상 네 마음에 새기며 네 목에 매라 그것이 네가 다닐 때에 너를 인도하며 네가 잘 때에 너를 보호하며 네가 깰 때에 너와 더불어 말하리니"(잠 6:20-22).

"자녀들아 모든 일에 부모에게 순종하라 이는 주 안에서 기쁘게 하는 것이니라"(골 3:20).

"자녀들아 주 안에서 너희 부모에게 순종하라 이것이 옳으니라"(엡 6:1).

"너희를 인도하는 자들에게 순종하고 복종하라"
(히 13:17).

성품의 리더가 세상을 바꾼다

3. 질서

정 의 | 모든 것이 제자리에 있는 상태

방 법 | 1. 하나님의 창조 원리와 규칙을 아는 것

2. 자기 주변을 정리정돈하는 것

3. 단계를 논리적 순서에 따라 배열하는 것

4. 주제별로 분류하고 조화시키는 것

5. 규칙과 일관성의 중요성을 이해하는 것

질서는 '혼란' 의 반대말로서, '모든 것이 제자리에 있는 상태' 를 말한다. 즉, 모든 것을 잘 정돈하여 깨끗이 하고, 잘 기능하게 하며, 물건을 제자리에 놓고, 늘 계획과 규칙에 맞추어 행동하고 생활하는 것을 말한다.

자신이 하는 일의 뒷마무리를 잘하고 가정과 사회에서 질서를 잘 지키는 사람은 다른 이에게 신뢰감을 주며 가정과 사회에서 안정된 삶을 산다.

하나님이 최초에 하신 일이 바로 질서를 만드신 일이다. 첫째 날에 빛과 어둠을 나누시고, 둘째 날에는 땅의 물과 하늘을 나누셨다. 이렇게 6일간 차례로 세상에 있어야 할 것들을 만드셨는데, 이 모든 것을 질서대로 하셨다. 만일 하나님이 질

서를 무시하고 물이나 태양보다 생물을 더 먼저 만드셨다면 생물들은 살지 못했을 것이다.

이와 같이 하나님은 지구에 모든 필요한 환경들을 순서에 맞게 만드신 후 그것을 관리하고 지배할 사람을 마지막에 만드셨다. 또한 사람이 여섯째 날까지는 일을 하고 일곱째 날인 주일에는 일을 놓고 하나님께 예배를 드리면서 쉬도록 하셨다. 그리고 사람들이 밤에는 자고 아침에 일어나며, 낮에는 일하도록 정하셨다. 이러한 질서를 지켜나갈 때 사람은 영적으로 성장하고 건강한 인생을 살도록 계획되었다.

이와 같이 하나님은 인간과 지구, 우주가 일정한 규칙과 질서 속에서 조화를 이루도록 창조하셨다. 우리는 질서대로 살 때 평안한 인생을 살게 되고 하나님께 영광을 돌릴 수 있다.

하나님께서는 "네 재물과 네 소산물의 처음 익은 열매로 여호와를 공경하라 그리하면 네 창고가 가득히 차고 네 포도즙틀에 새 포도즙이 넘치리라"(잠 3:9-10)고 말씀하셨다. 즉, 우리가 하나님이 만드신 창조물을 사용해 수확을 거두면 처음 수확한 것을 하나님께 감사의 표시로 드리라는 것이다. 이 또한 우리가 풍성한 복을 받을 수 있도록 하나님이 만든 규칙이다.

우리는 하나님의 창조 원리를 따라 권위자와의 관계, 시간 사용, 일상의 계획 세우기, 인생의 성장계획 세우기, 주변을 정

리정돈하기, 자원을 제때에 잘 사용하기 등에 있어서 질서를 배우고 실행해야 한다. 만일 우리가 질서대로 생활하지 않는다면 세상은 혼란해지고 인간생활과 지구환경은 파괴될 것이다.

이처럼 우리는 하나님께서 만드신 삶의 질서와 인간의 발전과 안정을 위해 만들어진 세상의 질서를 지킴으로써 하나님께서 예비하신 풍성한 삶을 누릴 수 있다.

📖 "하나님은 무질서의 하나님이 아니시요 오직 화평의 하나님이시니라"(고전 14:33).

📖 "모든 것을 품위 있게 하고 질서 있게 하라"(고전 14:40)

📖 "네 재물과 네 소산물의 처음 익은 열매로 여호와를 공경하라 그리하면 네 창고가 가득히 차고 네 포도즙 틀에 새 포도즙이 넘치리라"(잠 3:9-10).

4. 인내

인내는 '좌절' 또는 '포기'의 반대말로서, 어려운 상황에서도 포기하지 않고 그 상황을 받아들이며, 해결될 때까지 오랜 시간이 걸리더라도 '불평 없이 기다리는 것'이다. 하나님께서 나에게 허락하신 선한 일이라면 이루어 주실 것이라는 믿음을 가지고 불평하지 않고 이루어질 때까지 최선을 다해 노력하며 기다려야 한다.

인내하는 사람은 그 과정에서 소망을 갖게 되고 기다림 끝에 목표한 바를 이루게 되는 큰 기쁨을 누릴 수 있다. 인내하는 사람은 겸손을 배우며 온유하고 너그러운 마음을 가진 성숙한 사람으로 성장할 수 있다. 우리가 세상에서 이루고자 하는 갖가지 승리는 모두 인내를 통해 얻어진다. 다른 말로 하면, 인내

하지 않는 사람은 성공할 수 없다는 뜻이다.

성품을 배우고 몸에 익히는 것은 인내를 필요로 하는 일이다. 좋은 성품을 갖기 위해서는 자신의 욕구나 만족 그리고 편안함을 포기해야 할 때가 많다. 성품을 몸에 익힌다는 것은 절제하고 자기를 통제하고 장기간 기다려야 하는 힘든 과업이다. 그러나 성품훈련의 목표는 성숙과 성장과 기쁨이다. 이것을 성취하기 위해 우리는 성품을 배우고 훈련할 때 인내를 가져야 한다.

특히 리더를 키운다는 것, 리더가 된다는 것은 인내해야 한다는 말과 같은 뜻이다. 리더는 자신의 개인적인 만족을 채우려는 욕구를 통제하며, 개인적인 유익을 포기하고 타인의 유익을 위해 나의 시간과 소유물을 내주는 것이다. 그래야 겨우 나와 같이 희생하고 사회에 유익을 주는 다른 리더를 키워낼 수 있다.

하나님은 인내를 통해 다음과 같은 열매를 맺을 수 있다고 말씀하신다.

📖 "내가 진실로 진실로 너희에게 이르노니 한 알의 밀이 땅에 떨어져 죽지 아니하면 한 알 그대로 있고 죽으면 많은 열매를 맺느니라"(요 12:24).

🏳️ "너희의 인내로 너희 영혼을 얻으리라"(눅 21:19).

🏳️ "너희에게 인내가 필요함은 너희가 하나님의 뜻을 행한 후에 약속하신 것을 받기 위함이라"(히 10:36).

🏳️ "이는 너희 믿음의 시련이 인내를 만들어 내는 줄 너희가 앎이라 인내를 온전히 이루라 이는 너희로 온전하고 구비하여 조금도 부족함이 없게 하려 함이라"(약 1:3-4).

🏳️ "보라 인내하는 자를 우리가 복되다 하나니 너희가 욥의 인내를 들었고 주께서 주신 결말을 보았거니와 주는 가장 자비하시고 긍휼히 여기시는 이시니라"(약 5:11).

🏳️ "다만 이뿐 아니라 우리가 환난 중에도 즐거워하나니 이는 환난은 인내를, 인내는 연단을, 연단은 소망을 이루는 줄 앎이로다"(롬 5:3-4).

5. 용기

정 의 | 위험하고 두려운 일이라 할지라도 옳은 일을 하는 것

방 법 | 1. 소심함과 신중함의 차이점을 아는 것

2. 빠르고 정확하게 위험 요소를 해결하는 것

3. 진실하고 깨끗한 양심을 지키는 것

4. 옳은 일을 위해 기꺼이 희생하는 것

용기란 '위험하고 두렵다 할지라도 옳은 일을 하는 것'이다. 용기를 발휘하려면 두려울 때라도 과감하게 옳은 일을 선택하고 행해야 한다. 그러나 무엇인가 결정하고 행동할 때는 함부로 할 것이 아니라 신중하게 해야 한다. 용기는 또한 빠르고 정확하게 위험을 해결하는 것을 말한다.

예전에 어떤 어린아이가 자동차에 치였는데, 그 아이의 어머니가 달려가 자기 몸무게의 몇 배나 되는 자동차를 번쩍 들어 올려 아이를 살렸다는 이야기가 있다. 이것은 사랑하는 자녀를 위해 어머니가 얼마나 빠르고 정확하게 큰 용기를 발휘할 수 있는지를 보여 주는 예다.

용기 있는 사람은 옳은 일을 남보다 먼저 행함으로 모범을 보인다. 용기 있는 사람은 언제나 진실하고 깨끗한 양심을 지

킬 수 있는 사람이다. 그래서 이런 용기 있는 사람은 자신이 손해를 볼지라도 불의 앞에서 굴하지 않으며 진실을 선택한다.

성경의 인물 중에 큰 용기를 보여 준 사도는 바울이다. 바울은 "나의 간절한 기대와 소망을 따라 아무 일에든지 부끄럽지 아니하고 오직 전과 같이 이제도 온전히 담대하여 살든지 죽든지 내 몸에서 그리스도가 존귀히 되게 하려 하나니 이는 내게 사는 것이 그리스도니 죽는 것도 유익함이니라"(빌 1:20-21)고 말했다. 이것은 바울이 용기를 가지고 담대하게 복음을 전파하다가 로마의 감옥에 갇힌 후, 빌립보 교회의 교인들에게 쓴 편지내용이다.

그는 복음을 전파하기 위해 죽음을 두려워하지 않고 용기 있게 모범을 보여 준 대표적인 성경의 인물이다. 세상에서 가장 힘 있는 사람은 죽음을 두려워하지 않는 사람이다. 이런 사람을 우리는 용기 있는 사람이라고 부른다. 일제시대 때 일본 사람들 앞에서 믿음을 지키다가 순교한 수많은 사람들도 용기 있는 사람들이다. 그들의 희생으로 오늘날 한국 땅에 기독교가 확산되었고, 한국은 하나님의 축복을 풍성히 받는 나라가 되었다.

📖 "너희는 강하고 담대하라 두려워하지 말라 그들 앞에서 떨

성품의 리더가 세상을 바꾼다

지 말라 이는 네 하나님 여호와 그가 너와 함께 가시며 결코 너를 떠나지 아니하시며 버리지 아니하실 것임이라 하고 모세가 여호수아를 불러 온 이스라엘의 목전에서 그에게 이르되 너는 강하고 담대하라 너는 이 백성을 거느리고 여호와께서 그들의 조상에게 주리라고 맹세하신 땅에 들어가서 그들에게 그 땅을 차지하게 하라"(신 31:6-7).

"강하고 담대하라 너는 내가 그들의 조상에게 맹세하여 그들에게 주리라 한 땅을 이 백성에게 차지하게 하리라 오직 강하고 극히 담대하여 나의 종 모세가 네게 명령한 그 율법을 다 지켜 행하고 우로나 좌로나 치우치지 말라 그리하면 어디로 가든지 형통하리니"(수 1:6-7).

"여호와는 나의 반석이시요 나의 요새시요 나를 건지시는 이시요 나의 하나님이시요 내가 그 안에 피할 나의 바위시요 나의 방패시요 나의 구원의 뿔이시요 나의 산성이시로다"(시 18:2).

6. 청지기

정 의 | 하나님이 우리에게 맡겨 주신 모든 것을 남용하지 않고
책임 있게 관리하는 것

방 법 | 1. 하나님께서 우리에게 주신 것을 올바로 인식하고 하
나님의 영광을 위해 그것을 계발하는 것

2. 우리의 신체를 건강하게 관리하는 것

3. 돈과 소유물을 낭비 없이 관리하는 것

4. 재능과 능력을 최대한 계발하고 효율적으로 사용하는 것

5. 시간을 효율적으로 사용하는 것

6. 천연자원을 잘 계발하고 효율적으로 사용하는 것

청지기란 하나님이 우리에게 맡겨 주신 모든 것을 남용하지 않고 책임 있게 관리하는 것이다. 우리는 하나님께서 우리에게 주신 것이 무엇인지 인식하고 하나님의 영광을 위해 그것을 계발해야 한다. 우리는 하나님이 우리에게 신체, 돈, 소유물, 천연자원, 재능, 열정, 마음, 영성, 감정, 시간 등을 주신 것을 명확히 인식하고 그것을 최대한 잘 활용해서 낭비가 없도록 해야 한다. 이렇게 하나님께서 주신 자원들을 더욱 계발하고 적절하게 사용하는 것이 청지기의 역할이다.

성품의 리더가 세상을 바꾼다

우리는 좋은 청지기가 되기 위해서 먼저 돈에 대해 건강한 가치를 가져야 한다. 부를 축적한 사람에 대해서도 잘못된 편견이 있다면 개선되어야 한다. 우리가 돈을 가치있게 사용할 수 있는 올바른 목적을 세워 놓는다면 올바른 방법으로 돈을 벌 수 있고, 관리도 올바르게 할 수 있다.

또한 인생을 살아갈 때 하나님이 주신 재능과 은사, 열정 등을 정확하게 파악하고 올바르게 활용한다면 세상에 영향력을 미치며 유익을 끼칠 수 있다. 교회나 학교, 사회에서 우리는 대부분 자신의 재능이나 능력, 열정 등을 잘 파악하지 못한 채 별로 생산적이지 않은 것에 시간과 에너지를 소비하는 경우가 많다. 이런 것들은 하나님께서 각 개인에게 특별히 주신 선물인데, 그것을 인식하고 올바르게 사용하지 않는다면 하나님의 자원을 낭비하는 우를 범하는 것이다.

세상에 존재하는 모든 자원과 내가 가지고 있는 자원들은 모두 하나님께서 우리 인간들에게 사용하시도록 이미 허락하신 것인데, 우리가 이것을 제대로 계발하고 사용하지 못한다면 우리가 청지기 역할을 다 하지 않는 것이다. 이렇게 우리가 청지기로서 역할을 다할 때 인생을 풍요롭게 살 수 있다.

📖 "내가 또 너희에게 이르노니 구하라 그러면 너희에게 주실

것이요 찾으라 그러면 찾아낼 것이요 문을 두드리라 그러면 너희에게 열릴 것이니 구하는 이마다 받을 것이요 찾는 이는 찾아낼 것이요 두드리는 이에게는 열릴 것이니라"(눅 11:9-10).

 "온갖 좋은 은사와 온전한 선물이 다 위로부터 빛들의 아버지께로부터 내려오나니 그는 변함도 없으시고 회전하는 그림자도 없으시니라"(약 1:17).

 "하나님이 자기 형상 곧 하나님의 형상대로 사람을 창조하시되 남자와 여자를 창조하시고 하나님이 그들에게 복을 주시며 하나님이 그들에게 이르시되 생육하고 번성하여 땅에 충만하라, 땅을 정복하라, 바다의 물고기와 하늘의 새와 땅에 움직이는 모든 생물을 다스리라 하시니라 하나님이 이르시되 내가 온 지면의 씨 맺는 모든 채소와 씨 가진 열매 맺는 모든 나무를 너희에게 주노니 너희의 먹을거리가 되리라 또 땅의 모든 짐승과 하늘의 모든 새와 생명이 있어 땅에 기는 모든 것에게는 내가 모든 푸른 풀을 먹을거리로 주노라 하시니 그대로 되니라"(창 1:27-30).

 "그런즉 너희가 먹든지 마시든지 무엇을 하든지 다 하나님의 영광을 위하여 하라"(고전 10:31).

성품의 리더가 세상을 바꾼다

7. 신뢰

정 의 | 어떤 사람 또는 어떤 것에 대한 강한 믿음이나 확신을 갖는 것

방 법 | 1. 누구 또는 어떤 것을 신뢰할 수 있는지 구별하기

2. 신뢰할 수 있는 누군가에 대해 관대해지기

3. 신뢰할 수 있는 누군가가 하는 말을 믿기

4. 하나님의 말씀이 진리라는 것을 믿고 그대로 따르기

신뢰란 '어떤 사람 또는 어떤 것에 대한 강한 믿음이나 확신을 갖는 것'을 말한다. 우리가 어떤 사람을 신뢰하기 위해서는 먼저 누가, 그리고 어떤 것이 신뢰될 수 있는지 알아야 한다. 그 사람의 지위와 인격이 신뢰의 기준이 되기도 한다. 우리가 사람의 지위와 인격을 보고 신뢰를 하려면, 그것이 어떤 식으로 결정되는지 그 기준을 알아야 한다.

무엇인가를 신뢰하기 위해서는 먼저 그것이 진짜인지 가짜인지를 분간하는 능력이 있어야 한다. 의도적으로 속이려고 작정한 사람을 모르고 신뢰한다면 큰 낭패를 볼 수 있기 때문이다. 그래서 사람을 신뢰하기 위해서는 민감하고 정확한 판단력을 가져야 한다. 일단 우리가 신뢰할 수 있다고 판단하고 신

뢰하기로 결정한 사람에 대해서는 그 사람의 말을 믿으며, 그에게 관대하게 대하는 것이 신뢰의 표현이다. 우리는 한번 신뢰하면 어떠한 경우라도 그를 믿어 주어야 한다.

흔히 건강한 인간관이 세워져 있지 않고 사랑이 없는 사람은 다른 사람을 쉽게 신뢰하지 못한다. 요한이서 1장 7절에 "미혹하는 자가 많이 세상에 나왔나니…"라는 구절이 있다. 이런 사람은 어릴 때 부모에게 신뢰를 받지 못했거나, 성장하면서 사람들에게 자주 속았거나, 부당한 대우를 당했던 경험이 많은 사람이다. 그래서 그들은 다른 사람들을 늘 경계하고 쉽게 속이며 사람들을 자신의 유익을 위해 이용한다. 그러므로 우리는 우리의 신뢰를 키울 수 있고 신뢰가 지켜지는 건강한 가정과 공동체가 필요하다.

한편 우리를 만드시고 우리 각자에게 멋진 계획을 가지고 계신 하나님은 항상 신뢰할 수 있다. 하나님을 신뢰하기 위해서는 그분이 만물의 근원이시며 우리에게 생명을 주시는 좋은 목자라는 것을 인정해야 한다. 그리고 하나님에 대한 우리의 믿음을 높이고 더욱 신뢰하는 방법을 알아야 한다. 우리가 하나님을 굳게 믿으면 우선 내적으로 마음에 평안이 오고 무슨 일에든지 담대해지며, 외적으로는 하나님이 믿는 자에게 주시는 갖가지 도움을 받을 것이다.

성품의 리더가 세상을 바꾼다

📖 "지혜로운 자와 동행하면 지혜를 얻고 미련한 자와 사귀면 해를 받느니라"(잠 13:20).

📖 "너는 마음을 다하여 여호와를 신뢰하고 네 명철을 의지하지 말라"(잠 3:5).

📖 "주께서 심지가 견고한 자를 평강하고 평강하도록 지키시리니 이는 그가 주를 신뢰함이니이다"(사 26:3).

📖 "보라 하나님은 나의 구원이시라 내가 신뢰하고 두려움이 없으리니 주 여호와는 나의 힘이시며 나의 노래시며 나의 구원이심이라"(사 12:2).

📖 "너희는 여호와를 영원히 신뢰하라 주 여호와는 영원한 반석이심이로다"(사 26:4).

📖 "그가 하나님을 신뢰하니 하나님이 원하시면 이제 그를 구원하실지라 그의 말이 나는 하나님의 아들이라 하였도다 하며"(마 27:43).

8. 책임감

책임감은 '주어진 시간과 방법으로 맡은 일을 완수하는 것'이다. 책임감을 가지고 맡은 일을 잘 수행하기 위해서는 먼저 맡은 일이 얼마나 중요한지를 알아야 한다. 그리고 주어진 일을 끝까지 해내야 한다. 우리의 도움이 필요한 다른 사람들을 돕는 것도 책임 있는 사람이 해야 할 일이다. 또한 다른 일들을 위해 시간을 내고, 무책임한 행동의 결과를 피할 수 있어야 한다. 또 책임감 있는 행동은 어떻게 하는 것이고 누구에게 책임을 져야 하는지에 대해 배운다. 그리고 일을 할 때 무엇을 우선순위로 할 것인지를 배운다.

책임 있게 일한다는 것은 일을 올바로 처리하고 효율적으로 하는 것을 말한다. 그리고 맡겨진 일보다 더 많이, 또 더 잘

성품의 리더가 세상을 바꾼다

하는 것이다. 하나님은 천지를 창조하시고 사람을 만드셔서 그들에게 자손을 낳고 세상을 관리하는 책임을 맡기셨다.

한편, 예수님도 우리에게 서로 이행해야 하는 책임이 무엇인지 알게 하기 위해 직접 본을 보이셨다. 요한복음 13장 3~5절에 "저녁 먹는 중 예수는 아버지께서 모든 것을 자기 손에 맡기신 것과 또 자기가 하나님께로부터 오셨다가 하나님께로 돌아가실 것을 아시고 저녁 잡수시던 자리에서 일어나 겉옷을 벗고 수건을 가져다가 허리에 두르시고 이에 대야에 물을 떠서 제자들의 발을 씻으시고 그 두르신 수건으로 닦기를 시작하여"라고 말씀하셨다.

예수님은 이 섬김의 본을 보이고 "내가 너희에게 행한 것같이 너희도 행하게 하려 하여 본을 보였노라"(요 13:15)고 말씀하셨다. 예수님은 우리에게 "내 계명은 곧 내가 너희를 사랑한 것같이 너희도 서로 사랑하라 하는 이것이니라"(요 15:12)고 말씀하시며, 우리가 성도로서 서로 이행해야 하는 의무에 대해 명확히 말씀하셨다.

우리는 하나님에 대해, 부모님에 대해, 자신에 대해, 다른 사람들에 대해 책임을 완수하기 위해 하나님이 주신 가장 훌륭한 재능을 사용하는 노력을 해야 한다.

다음의 글은 제시카의 《코노스》 교재에 나오는 책임을 지지 않는 '어떤 사람'에 대한 글이다. 이 '어떤 사람'은 바로 '나'를 말한다.

> 어떤 사람이 있었다. 이 어떤 사람은 '모든 사람' '어떤 사람' '아무 사람' '아무도'라고 불리는 사람들이다. '어떤 사람이 할 것'이라고 했던 아주 중요한 일이 있었다. 아무나 그것을 할 수도 있었다. 그러나 아무도 하지 않았다. 어떤 사람은 그 일로 화가 났다. 왜냐하면 그것은 모든 사람이 해야 하는 일이었기 때문이다. 모든 사람은 생각했다. 아무나 그것을 할 수 있는 일이라고. 그러나 아무도 모든 사람이 그것을 안 할 것이라고는 생각하지 못했다. 사람들은 아무나 할 수 있었던 일을 아무도 하지 않았기 때문에 '어떤 사람'을 비난했다.

우리는 우리의 가족이나 직접적인 관련자들에 대해서만 책임감을 가지는 것이 아니라 세상에 대해서도 책임감을 가져야 한다.

세상에 대한 우리의 책임에 대해 창세기 1장 28절은 이렇게 말하고 있다. "하나님이 그들에게 복을 주시며 하나님이 그들에게 이르시되 생육하고 번성하여 땅에 충만하라, 땅을 정복

성품의 리더가 세상을 바꾼다

하라, 바다의 물고기와 하늘의 새와 땅에 움직이는 모든 생물을 다스리라 하시니라."

한편 하나님께서는 하나님에 대한 우리의 책임에 대해서도 다음과 같이 말씀하셨다.

📖 "너는 마음을 다하고 뜻을 다하고 힘을 다하여 네 하나님 여호와를 사랑하라"(신 6:5).

📖 "계명을 지키는 자는 자기의 영혼을 지키거니와 자기의 행실을 삼가지 아니하는 자는 죽으리라"(잠 19:16).

📖 "너는 마음을 다하여 여호와를 신뢰하고 네 명철을 의지하지 말라"(잠 3:5).

📖 "저녁 먹는 중 예수는 아버지께서 모든 것을 자기 손에 맡기신 것과 또 자기가 하나님께로부터 오셨다가 하나님께로 돌아가실 것을 아시고 저녁 잡수시던 자리에서 일어나 겉옷을 벗고 수건을 가져다가 허리에 두르시고 이에 대야에 물을 떠서 제자들의 발을 씻으시고 그 두르신 수건으로 닦기를 시작하여"(요 13:3-5).

9. 지혜

정 의 ┃ 바르게 선택하는 능력

방 법 ┃ 1. 현명한 행동과 어리석은 행동의 차이를 아는 것

2. 자연과 사람에게서 늘 배우는 것

3. 말을 조심하는 것

4. 정보를 올바르게 사용하는 것

5. 리더와의 분쟁을 피하는 것

6. 지혜로운 친구를 사귀는 것

지혜란 '바르게 선택하는 능력'을 말한다. 지혜를 키우기 위해서는 아이들이 현명하고 어리석은 행동의 차이를 깨닫고 지혜의 장점을 알도록 해야 한다. 지혜로운 사람은 꾸지람을 달게 받고, 자연으로부터 배우는 사람이며, 부모에게 순종하고, 자기의 말을 조심하며, 선생님의 가르침을 따르고, 지혜로운 친구를 사귀며, 정보를 올바르게 사용하고, 자기의 리더와 분쟁을 피하며, 질서와 규칙을 지킨다.

하나님께서 솔로몬에게 "네가 구하는 것을 줄 테니 구하라"고 하셨을 때, 솔로몬은 "듣는 마음을 종에게 주사 주의 백성을 재판하여 선악을 분별하게 하옵소서"(왕상 3:9)라고 말했

성품의 리더가 세상을 바꾼다

다. 그러자 하나님께서는 "네가 부귀영화를 구한 것도 아니고 네 백성의 말을 잘 듣고 분별하는 지혜를 구했으니 네게 지혜롭고 총명한 마음도 주고 네가 구하지도 않은 부귀영화까지도 주겠다. 그리고 세상에서 가장 큰 영광을 누리게 해 주겠다"고 말씀하셨다. 솔로몬은 하나님의 약속대로 살아 있는 동안 세상에서 가장 뛰어난 왕으로 온갖 부귀영화를 누렸다.

하나님으로부터 지혜의 은사를 받은 솔로몬이, 두 어머니가 한 아기를 두고 서로 자기 아이라고 주장할 때 현명하게 판결한 일은 솔로몬이 얼마나 지혜로웠는지를 알게 해 주는 대표적인 예다.

두 어머니에게 한 아이를 둘로 잘라서 똑같이 나누어 가지라고 했을 때, 진짜 어머니는 아이가 죽지 않게 하려고 자기가 포기하겠다고 말했다. 이렇게 해서 결국 솔로몬 왕은 진짜 어머니를 알아맞출 수 있었다. 그의 뛰어난 지혜는 많은 나라에 소문이 나서 "모든 민족 중에서 솔로몬의 지혜의 소문을 들은 천하 모든 왕 중에서 그 지혜를 들으러 왔더라"(왕상 4:34)고 성경은 말하고 있다. 그러나 솔로몬은 생애 말년에 그의 많은 부인들이 다른 신을 섬기도록 허락하고, 심지어 이를 위한 제단까지 세워 주는 등 하나님께 죄를 지음으로써 후에 왕국이 분열되는 비극을 겪게 된다.

우리는 무엇보다도 하나님께 지혜를 구하되, 하나님께서 지혜를 주실 때는 끝까지 겸손한 자세로 이를 하나님 나라와 많은 사람의 유익을 위해 사용해야 한다. 지혜를 자신의 만족만을 위해 사용한다면 세상에 유익을 끼치는 데 한계가 있을 뿐만 아니라 자기 자신과 사회에 해를 끼치게 된다.

또한 지혜는 좋은 친구를 사귈 때나 훌륭한 배우자를 선택할 때, 그리고 기로에 서서 결정해야 할 때 발휘할 수 있는 중요한 성품이다.

● 좋은 친구를 사귀는 지혜

"지혜로운 자와 동행하면 지혜를 얻고 미련한 자와 사귀면 해를 받느니라"(잠 13:20).

● 좋은 배우자를 고르는 지혜

"누가 현숙한 여인을 찾아 얻겠느냐 그의 값은 진주보다 더 하니라"(잠 31:10).

"너희는 믿지 않는 자와 멍에를 함께 메지 말라 의와 불법이

어찌 함께하며 빛과 어둠이 어찌 사귀며"(고후 6:14).

● 올바른 선택을 하는 지혜

📖 "지혜로운 아들은 아비를 기쁘게 하거니와 미련한 아들은 어미의 근심이니라"(잠 10:1).

📖 "너는 범사에 그를 인정하라 그리하면 네 길을 지도하시리라 스스로 지혜롭게 여기지 말지어다 여호와를 경외하며 악을 떠날지어다 이것이 네 몸에 양약이 되어 네 골수를 윤택하게 하리라 네 재물과 네 소산물의 처음 익은 열매로 여호와를 공경하라 그리하면 네 창고가 가득히 차고 네 포도즙 틀에 새 포도즙이 넘치리라"(잠 3:6-10).

📖 "지혜가 제일이니 지혜를 얻으라 네가 얻은 모든 것을 가지고 명철을 얻을지니라"(잠 4:7).

📖 "훈계를 들어서 지혜를 얻으라 그것을 버리지 말라 누구든지 내게 들으며 날마다 내 문 곁에서 기다리며 문설주 옆에서 기다리는 자는 복이 있나니"(잠 8:33-34).

📖 "여호와를 경외하는 것이 지혜의 근본이요 거룩하신 자를 아는 것이 명철이니라"(잠 9:10).

📖 "훈계를 들어서 지혜를 얻으라 그것을 버리지 말라 누구든지 내게 들으며 날마다 내 문 곁에서 기다리며 문설주 옆에서 기다리는 자는 복이 있나니"(잠 8:33-34).

📖 "미련한 자는 자기 행위를 바른 줄로 여기나 지혜로운 자는 권고를 듣느니라"(잠 12:15).

📖 "지혜로운 아들은 아비의 훈계를 들으나 거만한 자는 꾸지람을 즐겨 듣지 아니하느니라"(잠 13:1).

📖 "그러나 너는 배우고 확신한 일에 거하라 너는 네가 누구에게서 배운 것을 알며 또 어려서부터 성경을 알았나니 성경은 능히 너로 하여금 그리스도 예수 안에 있는 믿음으로 말미암아 구원에 이르는 지혜가 있게 하느니라 모든 성경은 하나님의 감동으로 된 것으로 교훈과 책망과 바르게 함과 의로 교육하기에 유익하니 이는 하나님의 사람으로 온전하게 하며 모든 선한 일을 행할 능력을 갖추게 하려 함이라"(딤후 3:14-17).

성품의 리더가 세상을 바꾼다

10. 충성

정 의 | 매우 헌신하는 것

방 법 | 1. 관계 안에서 헌신의 중요성을 이해하는 것

2. 내가 섬기는 사람들을 신뢰하고 헌신하는 것

3. 하나님, 가족, 교회, 국가, 배우자, 자신의 리더, 친구들에게 헌신하는 것

충성이란 내가 섬기는 사람들을 신뢰하고 '매우 헌신하는 것'을 말한다. 모든 신뢰할 만한 관계는 충성심에서 시작된다. 결혼은 서로에 대한 충성심이 확인될 때 이루어지며, 리더는 충성심이 확인되는 부하에게 자신의 리더십을 물려준다. 무엇보다도 하나님은 당신의 자녀에게 충성심을 요구하시며 충성된 자에게 전능한 능력을 부어 주신다. 현대 사회에는 충성심이 점점 사라져가고 있다. 이럴 때일수록 우리는 자녀들을 하나님, 가족, 섬기는 교회, 선생님, 친구들, 그리고 나라에 헌신하는 사람으로 양육해야 한다.

가족에게 충성을 다한 예는 룻과 나오미의 이야기에서 찾아볼 수 있다. 나오미는 아들이 죽자 며느리를 자유롭게 해 주려고 고향으로 돌아가라고 했다. 그러나 젊은 룻은 자기의 인

생의 즐거움을 좇지 않고 하나님을 섬기는 시어머니를 끝까지 모시겠다고 하며, 자기의 나라도 버리고 모든 희생을 감수하고 시어머니를 따라갔다.

롯기 1장 16~17절에서는 다음과 같이 말하고 있다. "롯이 이르되 내게 어머니를 떠나며 어머니를 따르지 말고 돌아가라 강권하지 마옵소서 어머니께서 가시는 곳에 나도 가고 어머니께서 머무시는 곳에서 나도 머물겠나이다 어머니의 백성이 나의 백성이 되고 어머니의 하나님이 나의 하나님이 되시리니 어머니께서 죽으시는 곳에서 나도 죽어 거기 묻힐 것이라 만일 내가 죽는 일 외에 어머니를 떠나면 여호와께서 내게 벌을 내리시고 더 내리시기를 원하나이다 하는지라."

시어머니에 대한 책임과 사랑을 저버리지 않고 끝까지 충성한 롯은 이방인이었는데도 결국 시어머니의 조언을 따라 명문가인 다윗의 자손과 결혼하였다. 롯은 시어머니에게 절대적으로 충성함으로써 다윗의 자손과 결혼하여 평생 평안하게 살았을 뿐 아니라 그리스도의 혈통을 이은 자손을 낳음으로써 하나님께 영광을 돌렸다.

친구 사이의 충성을 다한 예는 다윗과 요나단 사이에서 찾아볼 수 있다. 사무엘상 18장 3절 말씀인 "요나단은 다윗을 자기 생명같이 사랑하여 더불어 언약을 맺었으며"와 같이, 요나

단은 하나님의 명령에 따라 자기의 아버지 사울에게 충성하는 다윗을 귀하게 여기며 사랑했다. 그래서 아버지 사울이 다윗을 두려워하고 질투하여 죽이려고 수없이 시도할 때 다윗을 목숨 걸고 지켜 줌으로써 친구에 대한 충성을 지켰다.

한편 나라에 충성한다는 것은 나라에 충성할 것을 약속하고, 그 나라의 명예를 지키고 나라의 발전을 위해 일하는 것을 의미한다.

디도서 3장 1절은 "너는 그들로 하여금 통치자들과 권세 잡은 자들에게 복종하며 순종하며 모든 선한 일 행하기를 준비하게 하며"라고 말하고 있고, 디모데전서 2장 1-2절은 "그러므로 내가 첫째로 권하노니 모든 사람을 위하여 간구와 기도와 도고와 감사를 하되 임금들과 높은 지위에 있는 모든 사람을 위하여 하라 이는 우리가 모든 경건과 단정함으로 고요하고 평안한 생활을 하려 함이라"고 말하고 있다.

역사상 존경받는 사람들 중에 나라에 충성을 바친 애국자들이 많은 것은, 그들의 충성이 나라를 곤경에서 구하며 다른 사람을 살리고 사회를 발전시키는 기초가 되었기 때문이다.

우리는 다른 성품들과 마찬가지로 우리의 자녀들이 하나님과 가정, 나라 및 그 외 우리와 신뢰를 쌓아야 할 관계자들에 대해 끝까지 충성심을 지키도록 가르쳐야 한다.

📗 "친구는 사랑이 끊어지지 아니하고 형제는 위급한 때를 위하여 났느니라"(잠 17:17).

📗 "이러므로 남자가 부모를 떠나 그의 아내와 합하여 둘이 한 몸을 이룰지로다"(창 2:24).

📗 "모든 사람은 결혼을 귀히 여기고 침소를 더럽히지 않게 하라 음행하는 자들과 간음하는 자들을 하나님이 심판하시리라"(히 13:4).

📗 "오랜 후에 그 종들의 주인이 돌아와 그들과 결산할새 다섯 달란트 받았던 자는 다섯 달란트를 더 가지고 와서 이르되 주인이여 내게 다섯 달란트를 주셨는데 보소서 내가 또 다섯 달란트를 남겼나이다 그 주인이 이르되 잘하였도다 착하고 충성된 종아 네가 적은 일에 충성하였으매 내가 많은 것을 네게 맡기리니 네 주인의 즐거움에 참여할지어다 하고 "(마 25:19-21).

11. 신중함

정 의 | 실수하지 않고 통찰력을 얻기 위해 말과 행동을 조심스
럽게 선택하는 것

방 법 | 1. 깊이 생각하기

2. 깊이 살피고 정확하게 선택하기

3. 상대방의 입장을 고려하며 주의 깊게 말하기

4. 미리 준비하여 체계적으로 행동하기

예수님은 자신의 뜻대로 살지 않고 오직 하나님의 말씀을
따라 사셨다. 예수님은, "나는 나의 뜻대로 하려 하지 않고 나
를 보내신 이의 뜻대로 하려 하므로"(요 5:30)라고 하시며 늘 어
떻게 하는 것이 가장 옳은지 깊이 생각하고 신중하게 이행하였
다. 그리스도인은 이와 같이 늘 신중하게 각각의 상황에 대해
하나님의 뜻을 구해야 한다. 하나님은 주의 깊고 신중하게 하
나님의 뜻을 알려고 구하는 자에게 길을 열어 주실 것이라고
말씀하셨다(렘 33:3).

다윗 왕은 하나님의 신성한 궤를 수도 예루살렘으로 옮겨
올 때 신중하게 행동하지 못해서 화를 입었다. 하나님은 궤를
이동하는 방법을 특별히 지시해 주셨다. 그런데 다윗은 하나님

이 지시하신 정확한 방법을 지키지 않고 자신의 뜻대로 옮기다가 궤를 운반하던 군사를 죽게 했다(삼하 6:3-8, 민 4장). 이 일이 있은 후에 다윗은 다시 신중하게 하나님이 명령하신 대로 두 개의 채는 궤의 양쪽 끝의 고리에 꿰고, 몇 명의 제사장들의 어깨에 올려 운반하게 했다. 비로소 궤는 예루살렘에 안전하게 운반되고, 모든 사람이 기뻐했다(대상 15:11-15, 출 25:10-15).

신중함을 지니면 옳은 것과 그른 것을 구별하여 옳은 것을 선택할 수 있다. 신중함은 어떤 태도나 말, 행동을 분별하고 그에 적합한 행동이 무엇인지 깊이 생각함으로써 강화된다. 신중한 사람은 원리 원칙과 약속을 중시한다. 신중함을 기르기 위해서는 어떠한 일이든지 깊이 관찰하고 상황을 정확히 판단하며 진행 과정과 마지막 결과까지 조심스럽게 예측하여 체계적으로 행동을 취하는 노력이 필요하다.

신중함은 가치 있는 것을 유지하고 지키기 위해 경험과 지식에서 나온 지혜를 더욱 잘 사용하게 한다. 그리고 많은 경험과 지식을 통해 삶의 다양한 가치를 발견하고 통합하여 가장 좋은 방법을 창출해 낸다.

우리가 신중함을 키우면 누구나가 자신의 언행을 조심하게 됨으로 사람들 간의 갈등이 줄고, 약속을 철저히 지키기 때문에 사람들로부터 높은 신뢰를 얻는다. 매사에 실수하지 않기 위해

성품의 리더가 세상을 바꾼다

주의하므로 일의 속도는 다소 느리고, 비판적인 입장을 견지하기도 하지만 대신 에너지 낭비가 적고 일의 완성도가 높다.

또한 신중한 사람은 부정적인 감정을 제어할 줄 안다. 사람들은 다른 이들이 어려운 상황에 처하면 이런저런 조언을 할 수 있다. 친절함과 지혜가 있지만 자신의 두려움과 좌절, 분노 등과 같은 감정을 조절하는 능력은 부족하다. 그러나 신중한 사람은 자신의 감정을 함부로 드러내지 않으며 감정을 스스로 조절할 줄 안다. 신중한 사람은 '계산적인, 조심스러운, 유능한, 보수적인, 정확한, 간결한, 비판적인, 구체적인' 성향을 나타낸다. 한편 신중함도 지나치면 단점이 될 수 있는데 상황이나 사람에 대해서 너무 깊이 생각하고 고민하기 때문에 늘 현 상태에 만족하지 않게 된다. 그래서 남의 약점이나 실수를 잘 지적하고, 자신의 완전하지 못함에 대해 스스로 좌절하기도 한다.

한편 신중함을 강화시키면 섬세하고 민감한 감정과 관찰력이 생겨서 감성능력이 높아진다. 그래서 신중함과 조심성이 있는 사람은 섬세하고 민감한 감각으로 위대한 예술가가 되기도 하고 법이나 철학과 같은 근간이 되는 일을 잘 해낸다.

📖 "너는 내게 부르짖으라 내가 네게 응답하겠고 네가 알지 못하는 크고 은밀한 일을 네게 보이리라"(렘 33:3).

12. 결단력

정 의 | 어려운 상황에서도 올바른 목표를 성취하기로 결정하는
능력

방 법 | 1. 목표와 기준을 명확히 하기

2. 가치 있고 성공적인 선택이 무엇인지 생각하기

3. 결정했던 일에 어려움이 생겨도 받아들이기

4. 어려운 결단을 피하지 않고 도전하기

결단력은 어려운 상황에서도 올바른 목표를 성취하기로 결정하는 능력이다. '생각하다, 명령하다, 약속하다, 의도하다' 라는 뜻을 내포하고 있으며, '미리 결정되어지다' 라는 뜻도 있다. 결단력은 어떤 일을 하기로 확실하게 결정하는 것이며, 그 일에 필요한 노력을 쏟는 데 충분한 가치가 있는지를 고려하여 결정하는 것을 의미한다. 책임을 완수하거나 목표를 달성하기 위해서는 언제나 결단이 필요하다.

"솔로몬이 여호와의 이름을 위하여 성전을 건축하고 자기 왕위를 위하여 궁궐 건축하기를 결심하니라"(대하 2:1). 삶은 선택들로 구성된다. 만약 우리가 옳은 선택을 한다면 하나님의 인도하심 속에 거하게 된다. 하지만 잘못된 선택을 한다면 하

172

성품의 리더가 세상을 바꾼다

나님과 멀어지는 경험을 하게 된다. 그래서 결단하기 전에 먼저 현명한 선택을 해야 하며, 그 선택을 잘 이행하기 위해 또다시 단호한 결단을 해야 한다. 우리는 보통 사람들이 옳다고 말하는 것을 기준으로 선택하는 경우가 많다. 그것은 "다른 사람들이 어떻게 생각할까?" "비난받지 않을까?" 하는 두려움 때문이다. 두려움은 고뇌를 낳고(요일 4:18), 고뇌는 우리가 긍정적인 행동을 못하게 만든다.

잠언 29장 25절에서 "사람을 두려워하면 올무에 걸리게 되거니와"라고 했다. 이와 같이 두려움과 망설임은 결심을 방해한다. '이럴까 저럴까' 하는 두 마음을 가진 사람은 지나가는 바람에 이리저리 떠밀리는 파도와 같아서 단호한 결단을 내리지 못하게 한다(약 1:8).

바울은 디모데에게 믿음과 깨끗한 양심을 꼭 잡으라고 당부했다. 그러면서 바울 자신도 양심에 거리낌이 없도록 힘쓴다고 고백했다. "이것으로 말미암아 나도 하나님과 사람에 대하여 항상 양심에 거리낌이 없기를 힘쓰나이다"(행 24:16). 바울의 말처럼 우리가 하나님의 능력을 신뢰하고 깨끗한 양심을 지킨다면 결단을 내려야 할 때 흔들리지 않을 것이다. 우리가 평소에 옳은 일이 무엇인지 분별하고 양심을 지킨다면 결단력이 강해질 것이다.

살아가면서 최고의 선택을 하기 위해서는 내 고유한 가치와 목적을 잘 알아야 한다. 나는 어떤 가치를 지켜야 하는가? 나는 어떤 목적을 이루어야 하는가? 무엇이 나와 다른 사람 모두에게 가장 좋은 선택이 될까? 내 선택이 좋은 결과로 종결되지 못해도 실망하지 않고 받아들일 수 있는가? 그 선택의 결과로 손해를 보더라도 기꺼이 감수할 수 있는가? 이러한 문제를 숙고한 후에 결정한 것이라면 흔들리지 않고 결단력 있게 선택할 수 있다.

다가오는 문제를 피하거나 다른 사람에게 미루지 않고 정면으로 받아들이는 결단력은 리더십에 있어서 중요한 성품이다. 바다에 사는 연어는 1년에서 4년 내에 알을 낳기 위해 모천으로 회귀한다. 오랜 기간 동안 빠르게 흐르는 강물을 거꾸로 거슬러 올라가야 하는 위험한 길을 떠나는 것이다. 도중에 생명을 잃을 위험도 있지만 연어들은 정해진 원칙에 따라 결단력 있게 물을 거슬러 올라가는 모험을 단행한다.

우리는 누군가와의 약속을 이행하거나 학교나 가정의 규칙을 지켜야 할 때 부담을 느낀다. 자유롭고 편하게 하고 싶은 대로 하면 좋겠는데 어떤 규칙을 지켜야 한다는 것은 부담이 된다. 그럼에도 불구하고 결단력이 있는 사람은 누가 시키거나 강요하지 않아도 약속이나 규칙을 철저하게 지킨다. 결단력 있는

성품의 리더가 세상을 바꾼다

사람은 이렇게 말한다. "나는 다른 사람과 한 약속을 지킨다."
"나는 규칙을 지킨다." "나는 내가 결정한 것에 책임을 진다."

📖 "사람을 두려워하면 올무에 걸리게 되거니와"(잠 29:25).

📖 "두 마음을 품어 모든 일에 정함이 없는 자로다"(약 1:8).

📖 "어떤 이들은 이 양심을 버렸고 그 믿음에 관하여는 파선하
였느니라"(딤전 1:19).

13. 융통성

융통성이란 정해진 원칙을 잘 지키면서도 변화하는 상황이나 필요를 무시하지 않고 잘 받아들이고 대처하는 자세를 말한다. 즉, 정해진 원칙을 유리하게 바꾸거나 무시하는 것이 융통성이 아니라 원칙을 지키면서도 가치를 찾아내고 변화에 긍정적으로 대응하는 것이 융통성이다. 여러 사람이 함께 일을 할 때 자신의 의견만 고집하지 않고 다른 사람의 의견에 맞추며, 힘을 합해서 좋은 결과를 만들어내는 것이 융통성의 효과다.

예수님은 성경에서 모든 사람들이 하나님의 사랑 안에서 융통성이 있어야 한다고 강조하셨다. 강도를 만나 길가에 쓰러진 이스라엘 사람을 구해 준 이야기를 비유로 드시고 "네 생각에는 이 세 사람 중에 누가 강도 만난 자의 이웃이 되겠느냐" (눅 10:36)라고 물으셨다. 이에 율법사는 머뭇거리지 않고 대답

성품의 리더가 세상을 바꾼다

했다. "이르되 자비를 베푼 자니이다"(눅 10:37). '자비를 베푼 자'는 바로 사마리아인을 표현한 말이다. 그 당시 이스라엘 사람은 사마리아인을 무시하고 이웃으로 여기지 않았지만 예수님은 그러한 편견을 버리고 모두를 받아들이라고 말씀하셨다. "예수께서 이르시되 가서 너도 이와 같이 하라 하시니라"(눅 10:37). 즉, 자신의 원칙과 방향이 정해져 있어도 도움을 필요로 하는 사람이 있다면 잠시 멈추어 도움을 베푸는 융통성을 가지라는 것이다.

한번은 바리새인들이 예수님의 제자들이 손을 씻지 않고 밥먹는 모습을 보고 "당신의 제자들이 어찌하여 장로들의 전통을 범하나이까 떡 먹을 때에 손을 씻지 아니하나이다"(마 15:2)라고 예수님을 몰아세웠다. 이에 예수님은 "대답하여 이르시되 너희는 어찌하여 너희의 전통으로 하나님의 계명을 범하느냐"(마 15:2-3)라고 말씀하시며 장로들의 규칙을 지키는 것보다 진정으로 하나님의 뜻을 알고 말씀대로 행하는 것이 옳다고 대답하셨다. 예수님은 사람들이 세운 불필요한 규칙보다 하나님의 말씀에 따라 사랑을 베푸는 것이 더 중요함을 강조하시며 그 말씀 안에서 자유롭기를 권하셨다.

또한 예수님이 전도하며 여러 마을을 다니시던 중 가나안 여인이 귀신들린 딸을 구해 달라고 외치자 "예수께서 대답하여 이르시되 나는 이스라엘 집의 잃어버린 양 외에는 다른 데로 보내심을 받지 아니하였노라 하시니"(마 15:24)라며 거절하셨다. 그러자 "여자가 이르되 주여 옳소이다마는 개들도 제 주인의 상에서 떨어지는 부스러기를 먹나이다"라고 하며 도움을 간청하였다. 그러자 예수님은 여인의 믿음을 보시고 딸을 낫게 해 주셨다. 예수님은 이스라엘 사람들에게 하나님의 말씀을 전하고 그들의 병을 고치며 전도하는 것을 최우선순위로 삼고 있었지만, 도움을 요청하는 이방인들에게도 그들의 순수함과 믿음을 보고 기꺼이 그들을 도와주셨다.

융통성 있는 사람은 성실하게 임무와 책임을 다하면 반드시 좋은 결과가 주어질 것이라고 믿고 모든 것이 때가 되면 자연스럽게 좋은 열매를 맺을 것이라는 믿음이 있다. 그러나 매사에 신중한 사람이나 지나치게 원리 원칙만을 고수하면 융통성 없는 사람이라는 비난을 받기도 한다. 정직하고 윤리적인 것은 훌륭한 일이다. 그러나 사람의 마음 상태나 일의 진행 상태를 중시하지 않고 규칙에만 집착하면 사람의 존귀함이나 일에 대한 최선의 결과를 보지 못할 수도 있다. 그래서 우리는 '성격이 고지식하고 융통성이 없는' 사람이 되지 않도록 늘 마음을 열고 다른 사람을 배려해야 한다.

융통성이 없는 사람은 매사에 원칙이 없어 언행이 쉽게 바

성품의 리더가 세상을 바꾼다

꾸며, 주관 없이 다른 사람의 의견에만 따르고 의존하며, 윤리 도덕을 지키지 않는다. 누군가가 비난하거나 지적하면 쉽게 상처 입고, 부정적인 감정이 드는 과거의 사건들을 마음에 두고 깊이 고민하며, 혼자 해석하고 오해하며, 화를 잘 낸다. 그리고 자기 자신을 비난하고 자책하며, 사람들에 대한 편견을 가진다.

그러나 융통성이 있는 사람은 힘들고 도전적인 상황에서도 냉정함을 유지하고, 마음의 평화를 누리며, 어떠한 경우에도 감정적으로 반응하지 않고 평정심을 유지한다. 또한 다른 사람이 화를 내더라도 객관적으로 관찰하고 객관적인 사실만 이야기하며, 다른 사람의 결점이나 실수를 관용하고, 다른 사람의 언행을 비난하지 않으며, 기대감으로 부담을 주지 않는다. 즉, 다른 사람들의 순수한 의도를 읽어 주고 존재가치를 인정해 준다.

> "예수께서 대답하여 이르시되 나는 이스라엘 집의 잃어버린 양 외에는 다른 데로 보내심을 받지 아니하였노라 하시니… 여자가 이르되 주여 옳소이다마는 개들도 제 주인의 상에서 떨어지는 부스러기를 먹나이다 하니 이에 예수께서 대답하여 이르시되 여자여 네 믿음이 크도다 네 소원대로 되리라 하시니 그때로부터 그의 딸이 나으니라"(마 15:24, 27-28).

14. 분별력

　분별력은 듣는 것, 이해하는 것, 아는 것, 깨닫는 것, 생각하는 것, 나누는 것 등과 비슷한 의미를 가지며 판단, 결정 등의 의미도 내포하고 있다. 분별력 있는 사람은 잘 모르는 것에 대해서는 주의를 기울여 상황을 올바로 파악하고, 자신만의 판단으로 성급한 결론을 내리지 않으며, 과거의 경험을 통해 이해하고 판단하며 결정한다. 문제를 발견하면 단순히 해답만을 얻는 것보다 문제의 근본 원인을 추적하고 밝혀내는 과정을 통해 분별력을 강화시킨다. 사회가 복잡해지고 수많은 정보가 쏟아지는 현대에 분별력이 없으면 어리석은 결정을 하여 손해를 보고 후회할 수 있다.

　하나님은 우리에게 "나는 주 너희의 하나님이다. 그러므로

너희는 몸을 구별하여 바쳐서, 거룩한 사람이 되어야 한다. 내가 거룩하니 너희도 거룩하게 되어야 한다"(레 11:44)라고 말씀하셨다. 즉, 하나님의 자녀인 우리는 스스로 선과 악을 구별하여 악을 피하고 선한 일에 힘쓰며 분별력 있게 살아야 한다. 도덕적으로 악하거나 자신의 신체를 불결하게 하면 결국은 삶이 고통에 빠지기 때문이다. 분별력 있는 사람은 모든 생각과 말과 행동을 하나님의 순리에 맞추며 특별히 성령에 민감하다.

하나님께서는 이스라엘 백성들에게 거룩한 것과 불경한 것의 차이를 가르치시고 깨끗한 것과 더러운 것을 구별하라고 제사장에게 명하셨다. 성숙한 그리스도인이란 선한 것과 악한 것을 분별할 수 있도록 훈련된 사람들이다. 우리는 눈, 귀, 코, 혀, 손, 마음과 같은 기관들의 감각을 통해 선과 악을 정확하게 구별하고 다른 사람의 필요를 민감하게 알도록 노력함으로써 분별력을 높일 수 있다.

또한 성경은 우리에게 말하는 것을 잘 분별하여 조심하라고 가르친다 "슬기로운 자는 지식을 감추어 두어도 미련한 자의 마음은 미련한 것을 전파하느니라"(잠 12:23). 배움에 있어서도 좋은 지식을 잘 분별하여 배우는 것의 중요성도 강조하였다. "명철한 자의 마음은 지식을 얻고 지혜로운 자의 귀는 지식을 구하느니라"(잠 18:15). 우리의 행동 역시 분별력이 필요하다. "명철한 자의 마음은 지식을 얻고 지혜로운 자의 귀는 지식을 구하느니라"(잠 18:15).

사람들에게는 순간순간 다양한 기회들이 다가오지만 진짜 포착해야 하는 기회가 올 때에는 그것이 얼마나 좋은 기회인지 알지 못하여 제대로 사용하지 못하고 놓쳐버리는 때가 많다. 기회란 또다시 오는 경우도 있지만 어떤 기회들은 인생에 단 한 번밖에 오지 않는 경우도 있다. 그래서 우리가 제대로 분별하지 못하고 좋은 기회를 놓쳐버린다면 그런 기회는 우리 인생에 다시는 오지 않을 수 있다. 우리가 이러한 기회를 분별하는 능력이 없다면 평생을 후회하며 살 것이다. 그러나 우리가 진짜와 좋은 것을 분별할 수 있다면 우리는 가장 지혜로운 결정을 내릴 수 있다.

분별력이 특별히 더 발휘되는 상황은 사람과의 관계, 미래를 예측하고 대비하는 준비 과정 등에서이다. 친구를 잘못 만나면 평생을 망친다는 말이 있다. 좋은 친구나 사람을 만나기 위해서 좋은 사람인지 아닌지를 잘 분별해야 한다. 좋은 친구란 올바르고 건전한 가치를 가지고 있는 신뢰할 수 있는 사람이다. 그런 좋은 사람을 분별하는 능력을 가진 사람은 큰 기쁨을 누릴 것이다.

분별력이 생기면 자신이 나서야 할 때와 가만히 있어야 할

성품의 리더가 세상을 바꾼다

때를 구분하는 것, 이야기를 할 때와 조용히 있어야 할 때를 구분하는 것, 무엇인가를 강하게 추진해야 할 때와 기다릴 때를 구분하는 것, 경험한 것에 대해서 깊이 생각하고 올바른 판단의 기초로 삼는 것, 옳은 것과 옳지 않은 것을 구별하는 것, 가장 최선의 선택이 무엇인지 아는 것, 사람의 말이나 상태에 대해 주의를 기울이고 자신의 판단이 아니라 사실을 객관적으로 이해하는 것, 일의 진행이나 주변 상황을 정확하게 판단하는 것, 과거의 실패나 억울했던 일을 잊어버리고 현재의 상황에 완전히 집중하는 것, 미래에 어떤 일이 벌어질지를 예상하고 지혜롭게 대처하는 능력이 커진다.

"슬기로운 자는 지식을 감추어도 미련한 자의 마음은 미련한 것을 전파하느니라"(잠 12:23).

"명철한 자의 마음은 지식을 얻고 지혜로운 자의 귀는 지식을 구하느니라"(잠 18:15).

"어리석은 자는 온갖 말을 믿으나 슬기로운 자는 자기의 행동을 삼가느니라"(잠 14:15).

15. 자신감

성경에서는 자신감을 담대함이라고 표현했다. 자신감, 즉 담대함이란 무서워하지 않고 하나님이 우리에게 행하라고 명하신 일을 용기 있게 수행하는 것이다. 다윗은 어리지만 하나님이 주시는 힘을 믿고 왕 앞에서 자신감을 보임으로써 무서운 골리앗을 물리치겠다고 말했다(삼상 17:37). 그리고 언제나 자신과 함께하시는 하나님을 믿고 자신 있게 골리앗을 물리쳤다.

그밖에도 자신감이 강한 믿음의 영웅들은 많다. "내가 무슨 말을 더 하리요 기드온, 바락, 삼손, 입다, 다윗 및 사무엘과 선지자들의 일을 말하려면 내게 시간이 부족하리로다 그들은 믿음으로 나라들을 이기기도 하며 의를 행하기도 하며 약속을 받기도 하며 사자들의 입을 막기도 하며 불의 세력을 멸하기도 하며 칼날을 피하기도 하며 연약한 가운데서 강하게 되기도 하

성품의 리더가 세상을 바꾼다

며 전쟁에 용감하게 되어 이방 사람들의 진을 물리치기도 하며"(히 11:32-34).

하나님이 여호수아에게 "담대하라"고 명령하셨을 때, 그는 하나님의 선하심을 믿고 담대함을 가지고 앞으로 나아갔다. 그는 전쟁에서도 죽음을 두려워하지 않고 진실을 말했으며, 하나님을 위해 어려움에 도전하는 용기를 가졌다. 또한 사도 바울은 예수님을 만난 후에 담대히 복음을 전했다. 그가 전도 지역을 다니며 채찍질, 박해, 난파를 당하면서도 두려움 없이 자신감을 가질 수 있었던 것은 그의 일이 그를 하나님이 계시는 천국으로 인도하리라는 확신이 있었기 때문이었다. 죽음을 두려워하지 않는다면 누구나 자신감을 가질 수 있다. 하나님이 주실 큰 상급을 생각하면 믿는 사람들은 힘들더라도 선한 일을 자신 있게 할 수 있다. 하나님은 절대 우리를 떠나거나 버리지 않을 것이라고 약속하셨다. "우리가 담대히 말하되 주는 나를 돕는 이시니 내가 무서워하지 아니하겠노라 사람이 내게 어찌하리요 하노라"(히 13:6).

우리는 또한 진실을 말할 때에도 자신감을 가진다. "나를 위하여 구할 것은 내게 말씀을 주사 나로 입을 열어 복음의 비밀을 담대히 알리게 하옵소서 할 것이니 이 일을 위하여 내가 쇠사슬에 매인 사신이 된 것은 나로 이 일에 당연히 할 말을 담대히 하게 하려 하심이라"(엡 6:19-20). 사도 바울은 예수님의 사랑과 진리를 알고 있었기 때문에 항상 자신감이 넘쳤다. 그래서 진실을 말하는 그의 자신감 있는 태도와 열정에 감동하여 수많은 사람들이 예수님을 믿게 되었다.

어떤 상황에서도 스스로 해낼 수 있음을 믿고 그것을 표현하며 행동하면 다른 사람들에게 깊은 신뢰를 준다. 이러한 자신감은 자신의 판단력이 옳고, 자신이 선택하는 것이 좋은 결과를 가져올 것이라는 강한 자기 확신에서 생긴다. 그래서 자신감을 키우기 위해서는 먼저 자신이 하나님의 자녀로서 모든 자원을 이미 가지고 있다는 믿음을 키워야 한다. 자기 자신의 능력과 판단력, 목표 등에 확신이 있는 사람은 자기 자신에 대한 강한 믿음이 있다. 결국 하나님에 대한 믿음과 인생의 확실한 목표를 가지고 다양한 성품의 기술을 개발할 필요가 있다. 자신감이 있을 때는 강해 보이려고 하는 과장된 행동이 아니라 편하고 자연스러운 언행이 나온다. 그러나 자신감이 부족하면 사람들 앞에서 자신의 의견을 명확히 표현하지 못한다. 그래서 억지로 과장해서 표현하다 보면 더 실수하기 쉽고, 점점 회복하기 힘들게 된다. 자신감이 없다고 계속해서 자신의 생각을 표현하지 않으면 새로운 도전이나 기회가 올 때 놓칠 수 있다. 자신감 부족은 학교생활뿐만 아니라 성인이 되어 사회생활을

성품의 리더가 세상을 바꾼다

하는 데도 많은 지장을 준다.

　자신감을 키우는 가장 좋은 방법은 다른 사람들로부터 칭찬을 듣는 것이다. 평소에 칭찬을 들을 수 있는 일들을 많이 시도하는 것이 좋다. 특히 다른 사람을 돕는 봉사활동을 해보는 것이 효과적이다. 학교에서 아이들이 넘어지면 일으켜 준다거나, 선생님이 심부름을 시키면 먼저 가서 하는 등의 간단한 일부터 시작하는 것이다. 가정에서도 부모님이 원하는 것이 무엇인지 먼저 살펴서 칭찬을 들을 수 있는 일들을 만들어 보는 것이다. 그렇게 하다 보면 칭찬을 자주 듣게 되고 올바른 일을 했다는 자부심이 생겨 자신도 모르게 자신감이 형성되고 마음이 편해지는 것을 느낄 것이다.

　또한 성공한 사람들의 자서전이나 자기계발에 관한 책을 읽으면 도전을 받게 되고 할 수 있다는 자신감이 생긴다. 그래서 평소에 작은 목표를 세워 그것을 달성해 보는 것이 좋다. 목표에 도달하기 위해서는 굳은 결심이 필요하다. 이것은 낙심과 의심과 같은, 부정적인 감정을 거절하는 것을 의미한다. 흔히, 실패는 재능이나 능력의 부족 때문이 아니라 끈기의 부족 때문에 발생한다. 목표를 세워서 힘들어도 끝까지 완성해 보려고 노력하다 보면 인내력도 생기고 성실성도 생기며 끝까지 완수할 수 있다는 자신감이 생긴다.

📖 "또 다윗이 이르되 여호와께서 나를 사자의 발톱과 곰의 발톱에서 건져내셨은즉 나를 이 블레셋 사람의 손에서도 건져내시리이다 사울이 다윗에게 이르되 가라 여호와께서 너와 함께 계시기를 원하노라"(삼상 17:37).

📖 "내가 무슨 말을 더 하리요 기드온, 바락, 삼손, 입다, 다윗 및 사무엘과 선지자들의 일을 말하려면 내게 시간이 부족하리로다 그들은 믿음으로 나라들을 이기기도 하며 의를 행하기도 하며 약속을 받기도 하며 사자들의 입을 막기도 하며 불의 세력을 멸하기도 하며 칼날을 피하기도 하며 연약한 가운데서 강하게 되기도 하며 전쟁에 용감하게 되어 이방 사람들의 진을 물리치기도 하며"(히 11:32-34).

📖 "우리가 담대히 말하되 주는 나를 돕는 이시니 내가 무서워하지 아니하겠노라 사람이 내게 어찌하리요 하노라"(히 13:6).

📖 "나를 위하여 구할 것은 내게 말씀을 주사 나로 입을 열어 복음의 비밀을 담대히 알리게 하옵소서 할 것이니 이 일을 위하여 내가 쇠사슬에 매인 사신이 된 것은 나로 이 일에 당연히 할 말을 담대히 하게 하려 하심이라"(엡 6:19-20).

성품의 리더가 세상을 바꾼다

16. 창의성

정 의 | 새로운 관점에서 새로운 생각을 전개하고 만들어낼 수
있는 능력

방 법 | 1. 새로운 것을 보거나 새로운 생각을 많이 하기

2. 어려운 문제라도 계속 해결 방법을 지속적으로 찾기

3. 한 번도 경험한 적 없는 새로운 일을 시도해 보기

4. 여행을 하거나 새로운 곳을 방문하기

창의성은 생각에서 시작된다. 하나님이 세상을 창조하시기 전, 사람을 만들고, 구원자를 보내며, 선한 일들을 계획하셨다(벧전 1:19-20, 엡 1:4, 딛 2장, 엡 2:10). 만약 우리의 생각이 하나님의 말씀에 기초한다면, 우리는 창의성을 발휘하여 선한 목적을 이룰 것이다.

창의성은 새로운 생각에서 시작되어 말로 표현될 때 행동이나 물질로 나타난다. 하나님이 그의 마음에 먼저 창조할 것을 생각하시고, 말로 선포하자 차례로 만물이 창조되었다. "하나님이 이르시되 빛이 있으라"(창 1:3)고 하시자 빛이 생겼으며 사람과 우주의 만물이 탄생되었다. "하나님이 이르시되 우리의 형상을 따라 우리의 모양대로 우리가 사람을 만들고"(창 1:26).

우리가 하나님이 주신 창조적인 능력을 선한 일에 사용하고자 할 때 하나님은 우리에게 창의성을 더해 주신다.

창조자 하나님은 우리를 그분의 형상으로 만드셨고 우리를 통해 이루기로 작정하신 선한 일을 창조적으로 해내기 위한 재능 또한 주셨다. "우리는 그가 만드신 바라 그리스도 예수 안에서 선한 일을 위하여 지으심을 받은 자니 이 일은 하나님이 전에 예비하사 우리로 그 가운데서 행하게 하려 하심이니라"(엡 2:10).

그 재능을 제대로 사용하기 위해서는 언어가 중요하다. 예수님은 "내가 너희에게 이른 말은 영이요 생명이라"(요 6:63)고 말씀하시며 그분의 말 자체가 창조이며 생명이라고 설명하셨다. 그리고 예수님을 믿는 자에게도 예수님과 똑같이 예수님의 이름으로 말하는 것을 창조할 수 있는 능력을 주셨다.

이 세상은 우리가 선한 의도를 이루는 데 필요한 온갖 자원들로 가득 차 있다. 우리의 창의적인 생각이나 행동이 열매를 맺지 못하는 것은 우리의 의도가 충분히 선하지 않기 때문이다. 우리가 올바른 생각과 선한 목적을 갖고 그것을 이루기 위해 적극적으로 행동한다면 우리가 구하는 대로 모두 이루어질 것이다.

창의성이란 새로운 관점에서 새로운 생각을 전개하고 새

로운 것을 만들어낼 수 있는 능력을 의미한다. 또 다른 말로 창의성은 가치 있고 실현 가능한 독창적인 사고나 문제를 해결할 수 있는 능력이다.

최근 세계적으로 대부분의 어린이 교육이 창의성에 맞추어져 있을 정도로 어릴 때의 창의성 개발이 중요시되고 있다. 그래서 많은 교재들이 창의력 신장, 사고력 신장을 강조하고 있다. 창의성이 왜 중요할까? 창의성은 특별한 것을 개발해내는 발명가에게만 필요한 것이 아니라 삶을 보다 더 풍요롭고 재미있고 가치 있게 살아가는 모든 사람들에게 꼭 필요한 성품이다. 세상은 창의성이 있는 탁월한 사람들에 의해 더욱 편리하고 안전한 좋은 세상으로 발전해 나간다.

흔히 엄마들이 부러워하는 조용하고 말 잘 듣는 아이는 '반 창의적'인 아이일 가능성이 높다. 항상 엄마의 말을 거역하지 않고, 계획대로 행동하고 문제를 만들지 않기 때문에 문제를 해결할 기회도 갖지 못하는 수동적인 아이일 가능성이 있기 때문이다. 만일 그런 아이라면 홀로 세상에 나아가 예상치 못한 문제를 만났을 때 스스로 해결할 능력을 갖지 못할 수도 있다. 창의성이 있는 아이는 새로운 문제에 직면할 때 두려움이나 혼란을 느끼기보다 호기심과 자신감을 가지고 대한다. 해야 할 일이 생겼을 때 창의성이 있는 아이는 여러 가지 방법으로 시도해 보면서 스스로 문제해결 능력을 키워 나간다.

창의성은 부모나 교사의 지지와 격려를 통해 새로운 것에 도전하고 작은 실패와 성공의 경험들을 쌓아가면서 성장한다. 예를 들면, 잘 안 풀리는 문제도 실망하지 않고 그 답을 찾기 위해 끝없이 노력하여 기어코 답을 찾아내는 끈기와 인내가 창의성을 키우는 데 중요하다. 설령 정답이 아니라도 답을 찾는 탐색 과정은 충분히 문제를 푸는 좋은 훈련이 될 수 있다.

> "하나님이 이르시되 우리의 형상을 따라 우리의 모양대로 우리가 사람을 만들고"(창 1:26).

> "우리는 그가 만드신 바라 그리스도 예수 안에서 선한 일을 위하여 지으심을 받은 자니 이 일은 하나님이 전에 예비하사 우리로 그 가운데서 행하게 하려 하심이니라"(엡 2:10).

> "너희가 내 안에 거하고 내 말이 너희 안에 거하면 무엇이든지 원하는 대로 구하라 그리하면 이루리라"(요 15:7).

성품의 리더가 세상을 바꾼다

17. 정직

정직은 하나님에 대해 진실을 말하고 말한 대로 수행하는 태도를 말한다. 잠언은 "지혜, 공의, 정의, 정직에 대한 훈계"(잠 1:3)를 주기 위해 쓰였다. 성경을 보면 정직은 종종 공의나 정의로 표현되는데, 정의를 판단하고 행하는 능력은 온유한 자에게 주어진다. "온유한 자를 정의로 지도하심이여 온유한 자에게 그의 도를 가르치시리로다"(시 25:9).

하나님은 우리에게 진실한 마음과 정직한 마음을 가지고 정해진 규율이나 양심에 비추어 올바른 언행을 하기 원하신다. 로마서에서도 정직에 대해 강조되고 있다. "하나님 앞에서는 율법을 듣는 자가 의인이 아니요 오직 율법을 행하는 자라야 의롭다 하심을 얻으리니"(롬 2:13).

우리는 하나님 앞에서 거짓 없이 순수하고 정직한 삶을 살기 위해서 무엇이 옳고 그른지를 잘 배우고 그것을 분별해야 한다. "또 우리 사람들도 열매 없는 자가 되지 않게 하기 위하여 필요한 것을 준비하는 좋은 일에 힘쓰기를 배우게 하라"(딛 3:14). 그래서 바울도 믿음과 깨끗한 양심을 꼭 잡으라고 지시한다. "어떤 이들은 이 양심을 버렸고 그 믿음에 관하여는 파선하였느니라"(딤전 1:19). 바울은 자기 자신에 관해서도 이렇게 말했다. "이것으로 말미암아 나도 하나님과 사람에 대하여 항상 양심에 거리낌이 없기를 힘쓰나이다"(행 24:16).

이와 같이 정직이란 마음에 거짓이나 꾸밈이 없는 바르고 곧은 성품을 말한다. 말과 행동이 일치되는 사람을 정직한 사람이라고 한다. 사람들은 다른 사람들에게 더 멋있게 보이기 위해서 자신을 과장하거나 지나치게 꾸미고 싶은 유혹을 받는다. 특히 어린이는 여러 가지 가지고 싶은 것, 하고 싶은 것이 많지만 실제로 스스로 할 수 있는 것이 많지 않아서 불편하다. 그래서 하고 싶은 일을 하려고 할 때 거짓말을 하거나 남의 물건을 허락 없이 사용하고 싶은 욕구를 느낀다. 그래서 부모님에게 무리한 요구를 할 때도 있고 거짓말을 할 때도 있다. 그러나 누구나 시간이 흐르고 실력과 힘을 키우면 하고 싶은 일을 할 수 있는 때가 온다. 그래서 무엇이든지 자유롭게 할 수 있는

성품의 리더가 세상을 바꾼다

때를 기다리며 정직하게 현재 자신이 할 수 있는 일에 집중하는 노력이 필요하다.

정직하게 살기 위해서는 사회·도덕적으로 허용되는 일과 그렇지 않은 일을 잘 분별해야 한다. 만일 사회적으로 정해진 법규나 규칙을 잘 지키지 않는다면 다른 사람에게 정직하지 않은 것이다. 법규와 규칙은 다른 사람과의 약속과 같은 것이어서 사람들이 보지 않아도 동일하게 지켜야 하는 사회적인 약속이다. 비록 어린아이일지라도 자신이 할 수 있는 일과 할 수 없는 일을 구분하고, 옳고 그른 일이 무엇인지 잘 분별할 수 있다. 누구나 거짓 없고 진실한 마음을 가지면 다른 사람 앞에서 부끄러워할 필요가 없다. 사람들은 깨끗한 양심을 가진 사람을 좋아하고 존경한다. 정직이 중요한 이유가 바로 여기에 있다. 다른 사람들에서 부끄럽지 않게 떳떳하고 자신 있게 살기 위해서 정직한 자세가 필요한 것이다.

또한 정직하게 살기 위해서는 자신에게 진정으로 가치 있고 중요한 것이 무엇인지 생각해야 한다. 그리고 자신의 소중한 가치를 지키는 노력이 필요하다. 자신에게 가치 있는 것을 지키고 지속적으로 발전시켜 나가는 것은 자기 자신에게 정직한 것이다. 자기가 가족을 좋아한다면 그들을 소중히 하고 존중하는 것이 정직한 모습이다. 만일 가족을 중요하게 여기면서도 소중히 하지 않고 마음을 아프게 하거나 속이는 언행을 한다면 그것은 자신에게 정직하지 않는 것이다.

정직한 성품을 키우기 위해서는 자신의 실력을 과장하지 않고 있는 그대로 인정하는 게 중요하다. 겸손하게 노력하며 자기 힘으로 무엇인가를 이루겠다고 결심하는 자세가 필요하다. 그리고 자신이 가지고 있는 재능이나 외모에 대해서도 부정하지 않고 있는 그대로를 인정하고 더 계발하고 꾸미면 정직하고 훌륭한 삶을 살아갈 수 있다.

📗 "또 여호와를 기뻐하라 그가 네 마음의 소원을 네게 이루어 주시리로다 네 길을 여호와께 맡기라 그를 의지하면 그가 이루시고 네 의를 빛같이 나타내시며 네 공의를 정오의 빛같이 하시리로다"(시 37:5-6).

📗 "또 우리 사람들도 열매 없는 자가 되지 않게 하기 위하여 필요한 것을 준비하는 좋은 일에 힘쓰기를 배우게 하라"(딛 3:14).

📗 "어떤 이들은 이 양심을 버렸고 그 믿음에 관하여는 파선하였느니라"(딤전 1:19).

18. 성실

정 의 | 밖에서나 안에서나 변함없이 진실한 태도를 유지하는 것

방 법 | 1. 명확한 목표를 세우고 실행하기

     2. 쉬운 것부터 조금씩 실행해 나가기

     3. 힘들다고 포기하지 않고 끝까지 하기

     4. 생각하고 반드시 행동하기

성실이란 태도와 마음을 쉽게 바꾸지 않고 자신이 맡은 일이나 임무를 꾸준히 지속해나가는 자세다. 그래서 성실한 사람은 진실되고 사실적이며 일관되며 완전한 것을 추구하고 그 자세를 계속해서 유지한다.

성실성은 정직과 인내심을 키우면 더욱 잘 계발된다. 남을 속이지 않고 자신의 양심에 비추어 올바르다고 생각되는 기준과 진리를 지키는 것이 정직한 것이고, 그 정직성을 지속적으로 유지해나가는 것이 성실성이다. 상황이 바뀌고 상대가 달라져도 정직한 자세를 견지하며 최선을 다해 묵묵히 인내하며 목적을 향해 변함없이 나아가는 것이 성실한 자세다. 성실한 사람은 리더의 명령을 존중하고 그 명령에 따라 스스로 책임을 지고 그것이 완전하게 완성될 때까지 인내하고 진행한다.

하나님은 다른 모든 성품을 가지신 것처럼 성실하신 분이다. 시편에서는 이러한 하나님의 성실하심에 대한 구절이 많이 나타나고 있다. "여호와는 선하시니 그의 인자하심이 영원하고 그의 성실하심이 대대에 이르리로다"(시 100:5). "주의 성실하심은 대대에 이르나이다 주께서 땅을 세우셨으므로 땅이 항상 있사오니"(시 119:90). "여호와 만군의 하나님이여 주와 같이 능력 있는 이가 누구리이까 여호와여 주의 성실하심이 주를 둘렀나이다"(시 89:8).

하나님은 우주를 창조하시고 인간을 창조하신 이래 변함없이 우리를 사랑하시고 우리가 행복하고 성공적인 삶을 살도록 도와주고 계신다.

사도 바울도 성실함에 대해 다음과 같이 말한다. "종들아 두려워하고 떨며 성실한 마음으로 육체의 상전에게 순종하기를 그리스도께 하듯 하라"(엡 6:5). 여기서 종이란 자녀와 같은 의미로서, 주인을 섬기는 자들이나 부모를 섬기는 자녀들, 하나님을 믿는 모든 사람을 가리킨다. 그래서 우리는 하나님의 성실하심을 본받아 리더로 세워 주신 사람들에게 겸손하게 순종하며 변함없이 성실한 자세로 임해야 한다. 다른 사람이 대하는 것과 상관없이 성실성을 지키기 위해서 변함없이 지속되어야 한다.

성품의 리더가 세상을 바꾼다

어린아이들도 처음에는 공부를 힘들어하고 어려워하지만 그만두지 않고 계속 조금씩 해나가면 실력이 쌓이고 지식과 지혜가 높아져서 성실한 사람으로 성장한다. 성실한 사람은 자신이 올바르다고 믿는 일을 놓지 않고 계속함으로써 결국 좋은 열매를 맺는다. 사람들이 이해해 주지 않아도, 자신이 없어도 무엇인가 올바른 목표를 세워서 그것을 매일 조금씩 실천해 나가는 것은 성실함을 기르는 가장 좋은 방법이다.

선생님들도 성실한 사람들이다. 선생님들은 자신이 가르치는 아이들이 당장에 좋은 결과를 만들어 내지 못한다 해도 매일 아이들에게 희망을 가지고 좋은 열매를 맺을 것이라고 믿고 인내하며 성실하게 가르치고 격려한다.

성실한 사람은 정해진 규칙을 잘 따른다. 다른 사람이 확인해 주지 않아도 자기가 맡은 일이나 약속을 분명히 지킨다. 또한 사람들의 편의와 유익을 위해 정해 놓은 규칙이나 방법을 부정하거나 거부하지 않고 잘 받아들임으로써 다른 사람과 조화를 이룬다.

성실이란 특별한 재능이나 누군가를 설득하는 능력이 없어도 기를 수 있는 성품이다. 올바른 것을 오랜 기간 계속해나간다면 누구든지 그 분야에서 전문가가 되며 인정을 받는다. 그래서 전문가들은 모두 성실한 사람들이라고 할 수 있다. 성실한 사람은 부모나 선생님, 또는 친척이나 친구들을 똑같은 태도로 존중하고 자신을 낮추어 겸손한 태도로 대한다. 그래서 사람들은 성실한 사람을 신뢰하고 존중한다.

 "여호와는 선하시니 그의 인자하심이 영원하고 그의 성실하심이 대대에 이르리로다"(시 100:5),

 "주의 성실하심은 대대에 이르나이다 주께서 땅을 세우셨으므로 땅이 항상 있사오니"(시 119:90).

 "여호와 만군의 하나님이여 주와 같이 능력 있는 이가 누구리이까 여호와여 주의 성실하심이 주를 둘렀나이다"(시 89:8).

 "종들아 두려워하고 떨며 성실한 마음으로 육체의 상전에게 순종하기를 그리스도께 하듯 하라"(엡 6:5).

 "여호와의 인자와 긍휼이 무궁하심으로 우리가 진멸되지 아니함이니이다 이것들이 아침마다 새로우니 주의 성실하심이 크시도소이다"(애 3:22-23).

성품의 리더가 세상을 바꾼다

19. 겸손

정 의 | 남을 존중하고 높이며 자기를 내세우지 않고 낮추는 태도

방 법 | 1. 어려운 사람을 돕기

2. 다른 사람 말을 경청하며 감사를 표하기

3. 자신을 내세우지 않고 다른 사람을 존중하고 세워 주기

4. 약점을 인정하고 실수에 대해 용서 구하기

겸손은 남을 존중하고 높이며 자기를 내세우지 않고 낮추는 태도다. 이것은 '내가 다 알고 있고 또 할 수 있는 데도 다른 사람을 존중하여 다른 사람에게 기회를 주는 것'이다. 또한 '능력은 있지만 남을 위해 양보하는 것'이다. 그런데 자신감이 없고 아는 것이 적으면 겸손할 수 없다. 따라서 겸손해지기 위해서는 많이 배우고 경험하여 능력을 쌓아야 한다. 무조건 자기를 낮추는 것은 결코 겸손이 아니며, 자신이 할 수 있지만 상대를 존중하여 기회를 양보하는 것, 그리고 상대방이 그런 사실을 알았을 때 겸손하다고 평가하는 것이 진정한 겸손이다.

성경에서는 겸손이 '낮아지다' '온유하다'와 같은 의미로 쓰인다. "나는 마음이 온유하고 겸손하니 나의 멍에를 메고 내게 배우라"(마 11:29). 예수님은 우리에게 '온순하고 낮은 마음'

을 가지라고 말씀하셨다. 겸손의 가장 큰 상은 예수 그리스도와 닮아가는 것이다. 그렇기 때문에 예수님께서 제자들에게 온유한 성품에 대한 칭찬을 하셨다. "심령이 가난한 자는 복이 있나니 천국이 그들의 것임이요 애통하는 자는 복이 있나니 그들이 위로를 받을 것임이요 온유한 자는 복이 있나니 그들이 땅을 기업으로 받을 것임이요"(마 5:3-5).

그런데 놀라운 사실은 다른 사람을 세워 주고 하나님을 높이며 자신을 낮추면 정말 낮아지는 것이 아니라 오히려 진정한 부, 높은 명예, 풍요로운 삶이 따라온다. 하나님은 역대하 7장 14절에 겸손에 대해 말씀하셨다. "내 이름으로 일컫는 내 백성이 그들의 악한 길에서 떠나 스스로 낮추고 기도하여 내 얼굴을 찾으면 내가 하늘에서 듣고…."

한편 겸손의 반대인 교만은 하나님과 다른 사람이 우리를 통해 행한 것을 자신이 이루었다고 믿는 태도다. 교만한 사람은 자신의 힘으로 모든 것을 할 수 있다고 믿으며, 이루어진 모든 것들이 자신의 능력 때문이라고 생각한다. 그러나 그러한 사람은 오히려 낮아지게 된다. 그래서 하나님은 우리 모두에게 우리 자신을 스스로 낮추는 결단을 하도록 요청하신다. 만약 우리가 말씀대로 겸손해지지 않으면 하나님은 우리에게 고난을 주어서 겸손해지도록 이끌 것이다. "주 앞에서 낮추라 그리

성품의 리더가 세상을 바꾼다

하면 주께서 너희를 높이시리라"(약 4:10). "그러므로 하나님의 능하신 손 아래에서 겸손하라 때가 차면 너희를 높이시리라"(벧전 5:6). 그러나 간혹 겸손해짐으로 손해를 보는 경우도 있다. 그럼에도 불구하고 우리는 하나님의 사랑 안에서 자신을 낮춤으로써 사람들에게 하나님의 사랑을 나타낼 필요가 있다. "겸손한 자와 함께하여 마음을 낮추는 것이 교만한 자와 함께하여 탈취물을 나누는 것보다 나으니라"(잠 16:19). "사람이 교만하면 낮아지게 되겠고 마음이 겸손하면 영예를 얻으리라"(잠 29:23).

칭찬을 받거나 성공하거나 많은 지식을 가지게 되면 사람들은 대개 자만심과 허영심에 빠진다. 특히 능력이 잘 발휘되어 사람들이 알아주고 칭찬을 많이 받으면 쉽게 자만심이 생긴다. 겸손의 반대인 자만심이 생기면 더 배우려는 열정이 사라지고 사람들을 무시하는 마음이 생기기 때문에 발전할 수 없다.

교만한 사람을 좋아하는 사람은 없다. 인정받고 싶은 욕구가 일어날 때마다 자신을 도와준 사람들을 기억하며 그들에게 감사한 마음을 표현한다면 다시 겸손해질 수 있다. "벼는 익을수록 고개를 숙인다"는 옛 속담이 있듯이, 많이 알고 있을수록, 그리고 칭찬을 많이 받을수록 자기를 내세우지 않고 다른 사람에게 감사하며 자신의 일에 변함없이 집중하는 모습이 바로 겸손한 태도다.

겸손한 사람은 다른 사람을 비방하거나 험담하고 모함하거나 이간질하지 않는다. 특히 다른 사람이 상처를 받을 만한 말을 하지 않으며, 언제나 말을 많이 하지 않음으로써 실수를 방지한다. 또한 다른 사람이 애써 만들어 놓은 일이나 성공을 비난하지 않고 존중하며, 모든 사람은 소중하고 귀한 사람이라는 사실을 인정하고 그들이 실수할 때에도 다시 잘할 수 있을 것이라고 믿는다. 그래서 다른 사람이 실수하거나 힘들게 할 때 혼자서 마음대로 판단하여 화내거나 오해하지 않고 끝까지 존중하고 친절한 태도를 잃지 않는다.

겸손한 사람은 자신의 실수나 약점을 솔직하게 인정한다. 그리고 자신이 잘못했을 때 뉘우치고 반성하며 스스로 깨우친다. 그리고 누군가가 조언해 줄 때 감사한 마음으로 받아들이며, 그것을 고치려고 노력한다. 그래서 겸손한 사람은 다른 사람의 말을 잘 경청하며 사람들의 마음을 잘 이해하려고 노력한다. 나 자신의 마음과 다른 사람의 마음을 잘 알면 오해를 줄일 수 있고 서로 많은 것을 함께 나누며 배울 수 있다.

대부분의 사람들은 겸손한 사람을 존경하고 그를 리더라고 부른다. 왜냐하면 겸손한 사람은 다른 사람을 존중하기 때문에 마음이 따뜻하고 친절하며 다른 사람을 즐겁고 행복하게 이끌기 때문이다. 그래서 결국 자신을 낮추는 겸손한 사람은

사람들에게 인정받고 오히려 높아지게 된다. 진정한 부와 높은 명예, 그리고 풍요로운 삶을 살게 된다.

겸손함은 자신에 대해서 비판을 받아들이고, 자신의 약점을 인정하며, 주변 사람들에게 감사를 표현하고, 다른 사람들의 말을 경청하며, 실수나 잘못한 것에 대해 용서를 구하고, 다른 사람의 어려움을 먼저 도와주는 행동을 통해 키워진다. 또한 사람들이 자신의 의견에 반대할 때 저항 없이 받아들이고, 자신의 성공이나 성과를 내세우지 않으며, 다른 사람의 평판에 신경 쓰지 않고, 다른 사람을 비판하지 않으며, 다른 사람의 능력을 인정하고, 다른 사람이 힘들 때 곁에 함께 있어 줌으로써 키워진다.

📖 "나는 마음이 온유하고 겸손하니 나의 멍에를 메고 내게 배우라"(마 11:29).

📖 "그러므로 하나님의 능하신 손 아래에서 겸손하라 때가 되면 너희를 높이시리라"(벧전 5:6).

📖 "겸손과 여호와를 경외하는 보상은 재물과 영광과 생명이니라"(잠 22:4).

20. 절제

절제는 내면의 힘으로 육체적인 욕망을 조절하는 것이다. 즉, 모든 것을 지나치지 않게 알맞도록 내면적으로 조절하는 능력을 의미한다. 지나친 욕심을 버리고 자신의 목표를 위해 적절하게 노력하는 것을 의미하는 것이다. 목표를 세우고 그것을 달성하기 위해서는 하고 싶은 것을 포기하고 목표 달성에 도움이 되는 행동을 해야 한다. 예를 들어, 성악의 대가가 되는 것이 목표라면 규칙적으로 시간을 정해서 늘 그 시간에는 성악을 연습해야 한다. 이것이 성악가가 되기 위해서 하고 싶은 다른 일을 절제하는 행동이다.

예수님이 겟세마네 동산에서 기도하고 내려오실 때 군사들이 그를 십자가에 못 박기 위해 잡으려 하자 제자 중 한 사람

성품의 리더가 세상을 바꾼다

이 칼을 들어 군사의 귀를 잘랐다. 예수님은 바로 그 제자에게 절제할 것을 지시하셨다. 그가 바로 베드로인데 그는, 절제가 잘 되지 않아서 예수님을 따르면서 실수를 많이 한 사람이다. 그러나 예수님이 십자가에서 돌아가신 후 회개하여 절제함으로써 "지식에 절제를, 절제에 인내를, 인내에 경건을"(벤후 1:6)이라고 강조하며 예수님의 말씀에 순종하고 자신의 감정과 욕구를 철저하게 절제했다. 바울도 하나님의 사랑과 능력과 함께 절제를 강조했다.

우리가 하나님의 사랑 안에서 화평을 이루고 선한 목적을 이루기 위해서는 성급하게 마음 내키는 대로 행동해서는 안 된다. 스스로 때와 장소를 구분하여 적합한 시기를 기다리는 인내와 절제가 필요하다. 그래서 바울은 다음과 같이 말했다. "운동장에서 달음질하는 자들이 다 달릴지라도 오직 상을 받는 사람은 한 사람인 줄을 너희가 알지 못하느냐 너희도 상을 받도록 이와 같이 달음질하라 이기기를 다투는 자마다 모든 일에 절제하나니 그들은 썩을 승리자의 관을 얻고자 하되 우리는 썩지 아니할 것을 얻고자 하노라"(고전 9:24-25).

김연아 선수는 대단한 절제의 능력을 갖추고 있다. 그녀는 어릴 때부터 연습 도중에 넘어지고 부상당해도 다시 참고 일어나 스케이트 연습을 했다고 한다. 쉬고 싶고 친구와 놀고 싶어도 참으며 매일 수많은 시간을 연습에 몰두했던 것이다. 음식도 맛이 없더라도 살은 찌지 않고 힘이 나게 하는 음식만 가려서 먹었다. 그렇게 절제하며 연습했기 때문에 오늘날과 같이 세계적으로 유명한 피겨요정이 된 것이다. 김연아 선수가 초등학교 시절부터 세계적인 선수가 되는 것을 꿈꾸며 자신의 생활을 절제해 왔기 때문에 올림픽 금메달 선수가 된 것은 당연한 일이다.

한편 우리가 알고 있는 유명한 사람들이 어느 날 갑자기 감옥에 가고 불명예스러운 일로 사회를 시끄럽게 하는 사건을 보게 된다. 그런 사람들은 성공한 이후에 절제하지 않고 함부로 돈과 사람을 남용했기 때문이다. 결국에는 모든 명예가 실추되는 경험을 할 수밖에 없는 것이다. 또한 마음의 겸손함이 사라지고 거만해져서 말을 함부로 하는 등 방종하는 태도도 자신의 명예를 실추시킨다. 리더일수록 많은 사람들이 지켜보고 영향을 받기 때문에 언행을 절제하는 것은 아주 중요하다. 힘이 강해질수록, 물질을 풍부하게 가질수록 더욱 절제해야 한다. 만일 절제하지 않고 자신의 재산이나 능력을 함부로 사용하거나 잘못 사용하면 순식간에 모든 것을 잃을 수 있다. 그래서 자신의 욕구를 적당하게 조절하는 능력은 성숙한 리더가 가져야 할 중요한 덕목이다. 절제는 어느 시기까지만 하고 그만

성품의 리더가 세상을 바꾼다

두어도 되는 것이 아니라 평생 계속 닦아야 할 성품이다.

절제하는 생활을 실천하기 위해서는 지나친 욕심을 부리지 않기, 계획을 세워 규칙적인 생활하기, 밤늦도록 텔레비전 보지 않기, 컴퓨터 오락은 시간을 정해놓고 하기, 화나는 일이 있을 때 다시 한 번 생각해 보기, 어렵고 힘든 일이 있을 때도 참기, 약을 함부로 남용하지 않기, 좋아하는 일도 적당히 하는 것이 필요하다. 그리고 시간 계획을 세우고, 물질적으로 여유가 있어도 함부로 사용하지 않으며, 기분 나쁜 일이 생겨도 한 번 더 생각하고, 감정대로 말하지 않으며, 상대의 기분에 맞출 때 절제하는 습관이 길러진다.

📖 "예수와 함께 있던 자 중의 하나가 손을 펴 칼을 빼어 대제사장의 종을 쳐 그 귀를 떨어뜨리니 이에 예수께서 이르시되 네 칼을 도로 칼집에 꽂으라 칼을 가지는 자는 다 칼로 망하느니라"(마 26:51-52).

📖 "하나님이 우리에게 주신 것은 두려워하는 마음이 아니요 오직 능력과 사랑과 절제하는 마음이니"(딤후 1:7).

성품을 견고하게 하는 부모의 기도

순종하는 삶에대한기도

하늘에 계신 우리 아버지! 저는 진정 제 자녀의 인생이 잘되기 원하고, 그가 땅에서 장수하기를 소원합니다. 이 시간 주님 앞에 나아와 기도하오니, 제가 먼저 자녀에게 순종의 본을 보임으로, 하나님께 순종하는 법을 가르치게 하여 주시고, 또한 부모에게 순종하는 자녀 되게 하소서. 아버지! 제가 그의 분노를 자극함으로써 죄책감을 느끼는 일이 없게 하시고, 항상 주의 교양과 훈계로 그를 양육해야 할 책임이 있다는 것을 명심하게 하소서.[1]

제 자녀가 하나님의 아들 예수 그리스도에 대한 구원의 지식에 이를 수 있도록 인도해 주소서.[2] 그로 하여금, 진정 주를 사랑한다면, 주의 말씀에 순종해야 한다는 것을 깨닫게 하여 주소서.[3] 사람에게 순종하는 것보다 하나님께 순종하는 것이 훨씬 더 중요하다는 것을 알게 하여 주소서.[4] 그에게 하나님의 뜻을 거스르는 또래들의 압력에 저항할 수 있도록 힘을 주시옵소서.

오, 하나님! 아버지의 말씀에 즐겨 순종하는 자는 땅의 아름다운

소산을 먹을 것이라 하셨습니다.[5] 이 약속의 말씀이 제 자녀에게 이루어지게 하여 주옵소서. 순종하는 마음을 가르쳐 주셔서, 이 말씀을 자신의 것으로 경험하게 하옵소서. 그에게 지혜와 순종하는 마음을 주셔서, 매사에 먼저는 하나님께, 그리고 위에 있는 권세들과 부모에게 순종하는[6] 지혜를 주옵소서. 종말로, 아버지여! 간구하오니, 환난날에 그가 하나님께 돌아오게 하시고, 주의 목소리를 청종할 때 그를 버리지 마시고, 주께서 맺은 언약을 잊지 마소서.[7] 주 우리 하나님의 이름을 찬양합니다.

아버지여! 아버지께서는 하나님께 순종하는 것이 번제보다 낫고, 그 목소리와 가르침에 청종하는 것이 수양의 기름보다 낫다고 말씀하셨습니다.[8] 이 귀중한 진리를 제 자녀에게도 밝히 보이시고, 항상 이 진리의 말씀대로 순종할 수 있도록 인도해 주소서.

📖 인용성구

1. 엡 6:1~4, 2. 요 3:16, 3. 요 14:15, 4. 행 5:29, 5. 사 1:19, 6. 롬 13:1, 7. 신 4:30~31, 8. 삼상 15:22

오, 주 예수여! 나를 해방시켜 주소서.
사랑받고자 하는 욕구에서 나를 구하소서.
높임받고자 하는 욕구에서 나를 구하소서.
명예로워지고자 하는 욕구에서 나를 구하소서.
칭찬받고자 하는 욕구에서 나를 구하소서.
신뢰받고자 하는 욕구에서 나를 구하소서.
인정받고자 하는 욕구에서 나를 구하소서.
인기를 누리고자 하는 욕구에서 나를 구하소서.

오, 주 예수여! 나를 해방시켜 주소서.
낮아짐에 대한 두려움에서 나를 구하소서.
멸시에 대한 두려움에서 나를 구하소서.
책망에 대한 두려움에서 나를 구하소서.
비방에 대한 두려움에서 나를 구하소서.
잊혀짐에 대한 두려움에서 나를 구하소서.
오해받는 두려움에서 나를 구하소서.
조롱당하는 두려움에서 나를 구하소서.
배신당하는 두려움에서 나를 구하소서.

마더 테레사 〈나의 기도〉

자녀의 성품을 넓혀 주는 부모 코칭

자녀의 'DISC' 유형을 파악하라

모든 사람은 성격이 다르다. 그러나 자녀의 성격을 알고 최대한 수용하여 그 성격에 맞도록 코칭할 수 있다면 자녀는 훨씬 더 깊고 넓은 성품을 소유하게 될 것이다.

성격의 유형을 DISC라고 하며, D형(주도형, 추진형), I형(사교형), S형(안정형), C형(신중형)으로 구분한다. 간단히 이것을 구분하는 기준은 일이 우선이냐 사람이 우선이냐와 일을 빨리 하느냐 천천히 하느냐다. 사람보다 일을 중시하면서 일을 빨리빨리 진행하고 서두른다면 D형이다. 그러나 일을 중시하지만 신중하게 천천히 일하는 유형은 C형이다. 그리고 일보다 사람을 먼저 생각하며 모든 일에 서두르는 경향이 있는 유형은 I형이다. 사람을 중시하며 모든 일을 천천히 처리하는 유형은 S형이다.

이처럼 DISC에 대한 간단한 설명을 했다. 그런데 아래 표에서 서로 대각선 관계에 있는 D형과 S형, C형과 I형은 성격상 극과 극일 수밖에 없다. 그렇기 때문에 부모와 자녀의 성격이 어떤지 파악하고 얼마나 닮았는지 얼마나 다른지 안다면 성품을 훈련할 때 많은 도움이 될 것이다.

D형 (주도형) ⇨ 일 / 빨리빨리
- 에고적 특징: 독재자
- 이미지: 손, 발로 뛰는 사람
- 인정하는 방법: 추진한 일을 인정해 주며 관심을 갖는다.

I형 (사교형) ⇨ 사람 / 빨리빨리
- 에고적 특징: 애정결핍자
- 이미지: 입이 살아 있는 사람
- 인정하는 방법: 칭찬을 해 주고 매사에 감동해 준다.

C형 (신중형) ⇨ 일 / 천천히
- 에고적 특징: 비판하는 자
- 이미지: 머리로 일하는 사람
- 인정하는 방법: 침묵으로 신뢰를 얻는다.

S형 (안정형) ⇨ 사람 / 천천히
- 에고적 특징: 이기주의자
- 이미지: 귀가 열린 사람
- 인정하는 방법: 조용하고 편안하게 들어 준다.

DISC 특징

 성품의 리더가 세상을 바꾼다

	특징	대표적 인물	성품훈련 방향
D형	일의 속도가 빠름 고정관념 쉽게 탈피 창조적 비전 제시 개척자 감정조절이 떨어짐	아키오모리타 회장 (창의적 추진력으로 소니 명칭 도입, 포켓용 기계 개발)	세부적 지시는 금물 스스로 할 수 있는 일을 제시 위인전을 읽게 함 원대한 꿈을 심어 줌
I형	부드러우며 활동적 친구를 쉽게 사귐 골치 아픈 일을 싫어함 사랑스러운 존재	허브캘러허 회장 (위기에 처한 사우스 웨스트항공사 직원 에게 절절한 편지를 보냄)	아이의 사교성을 함 께 칭찬함 공부보다 인간관계 를 발전시킴 대화, 화술, 약속 개 념을 심어 줌 덜렁대는 습관 고칠 계획을 세움
S형	갈등과 압박을 싫어함 안정적이고 꾸준함 변화를 싫어함 좋아하는 분야를 고 집함	마더 테레사 수녀 (생명의 존엄성에 대 한 고집스러움과 인 도주의 정신으로 섬 김 실천)	"나서서 한번 해 봐" 라는 독려는 금물 "쓸데없는 짓 하지 마"라는 말은 금물 신속한 결정 내리도 록 도움 고집스런 이기심에 제동을 검
C형	원칙적이고 신중함 자신과 남의 실수 비판 확신이 서면 천하무적 최고의 감성 소유	마이크 델 회장 (고객의 요구를 들으 려 수십만 통의 전화 를 걸고 메일발송, 델 컴퓨터 성공)	"넌 알 것 없어"라는 말은 금물 "시키는 대로 해"라 는 말은 금물 작은 실수에 자학하 지 않도록 격려 함께 토론하는 장을 마련

자녀의 'PLACE'를 발견하라

'과연, 우리 아이에겐 어떤 재능이 있을까?'

'어떤 숨겨진 열정이 있을까?'

성품을 넓혀 주기 위한 부모코칭의 목적은 자녀가 스스로 좋아하는 일을 찾아서 하며 행복한 삶을 살아가도록 도와주는 것이다. 이런 이유로 자녀의 여러 가지를 관찰하는 일에 많은 시간을 보낸다.

물론 앞에서 설명한 성격 유형을 파악하여 자녀의 장점을 살펴보는 것으로도 잠재력을 발견할 수 있다. 그러나 조금 더 체계적으로 살펴보면 도움이 된다. 자녀의 내면에 있는 잠재력을 실생활에서 어떻게 활용할 수 있으며 어떤 비전을 구체화시킬 수 있는지 안다면, 더 구체적으로 목표를 세우고 성품훈련을 실행할 수 있다. 그런 면에서 PLACE를 알아보는 일을 권한다.

PLACE는 성격유형인 DISC와 더불어 자녀의 재능과 능력을 계발하는 데 좋은 도구가 된다. 이것을 창시한 미국의 제이 맥스웨인은 '내 아이가 서야 할 자리는 어디인가'에 대한 연구를 하던 중 PLACE를 창시했으며, 이것은 성품을 넓혀 주는 부모 코칭에 있어 자녀를 이해하는 데 많은 유익을 주고 있다.

PLACE는 5가지 분야에서 자녀를 살펴보는 것이다.

성품의 리더가 세상을 바꾼다

- P(Personality discovery) 성격 유형

- L(Learning spiritual gifts) 타고난 재능

- A(Abilities Awareness) 능력

- C(Connecting passion with ministry) 열정

- E(Experiences of life) 삶의 경험

이제 자녀가 5가지 분야에서 어떤 특징을 가지고 있는지 살펴보라. 아이 스스로 자신을 생각하는 것과 부모가 생각하는 모습이 다를 수도 있다. 그러나 이것은 정답이 있는 것이 아니라 가능성 있음을 나타내는 것뿐이다. 5개의 각 분야에 어떤 특징이 있는지 체크해 보며 성품훈련에 적용해 보라.

Q 너는 어떤 성격 유형에 속한다고 생각하니?

타고난 기질로 나타나는 성격을 탐색해 보는 것이다. 앞에서 언급한 DISC 유형을 조사해 보고 어떤 유형에 속하는지 체크해 보라.

....

....

....

....

Q 너의 재능은 무엇이라고 생각하니?

타고난 16가지 재능(리더십, 긍휼, 행정, 직관, 구제, 가르침, 일 · 비전, 신뢰, 격려, 섬김, 도움, 지혜, 지식, 접대, 분별, 세일즈) 중에 자신에게 해당하는 재능이 무엇인지 체크한다.

Q 너의 능력은 어떤 것이라고 생각하니?

사람의 6가지 능력(기업형, 사교형, 연구형, 예술형, 현실형, 전통형) 중 자녀가 가진 능력은 어떤 것인지 체크한다.

성품의 리더가 세상을 바꾼다

Q 너의 열정은 무엇이라고 생각하니?

열정은 사회적 지위를 얻을 수 없더라도 기꺼이 하고 싶은 마음이 생기는 것을 말한다. 열정에도 15가지 종류가 있으며(영향력, 지도, 도전, 사교, 계발, 봉사, 공연, 개선, 완벽, 개척, 위임, 개조·수선 변호, 교육, 경영-유지·보수) 이중 어떤 일을 자녀가 기꺼이 하고 싶어 하는지 체크한다.

Q 너의 재능과 열정을 가르쳐 주고 싶은 사람이 있니?

자녀에게 자신의 재능과 열정을 알려주고 싶은 사람들이 있는지 물어본다. 그 대상이 바로 자녀의 꿈을 가치 있게 평가해 줄 사람들이다.

Q 과거의 즐거웠거나 고통스러웠던 경험을 통해 배운 가
치나 교훈은 무엇이니?

부모의 입장에서는 정리하는 것은 쉽지만 자녀는 힘들 수 있다.
부모의 경험을 말해 준 뒤 아이의 경험을 들으며 어떤 것을 배웠
는지 물어본다.

....

....

....

....

....

내 자녀의 PLACE 알기

내 아이는 자신의 (열정)으로 (열정의 대상)에게 (경험
을 통해 배운 가치)를 위하여 (재능)과 (성격)과 (능력)을
사용할 것이다.

이 문장은 자녀가 서야 할 자리에 대해 조금 더 명확하게
말해 줄 것이다. 예서라는 아이와 함께 PLACE를 체크해 보았

성품의 리더가 세상을 바꾼다

다. 예서의 성격 유형은 S형이었으며, 아이는 가르치는 재능이 있었고, 전통형 재능을 갖추고 있었다. 또 무엇이든 완벽하게 하려는 열정이 뛰어나고 친구나 동생들에게 그 열정을 전해 주고 싶어 한다. 그리고 과거의 여러 가지 경험을 비춰볼 때 자신보다 어린 사람을 존중해 주겠다는 교훈을 얻었다고 말했다.

자, 이제 예서의 PLACE를 살펴보겠다.

'내 아이 예서는 친구나 동생들에게 완벽한 열정을 가지고, 다른 사람을 존중하기 위해 자신의 가르침의 재능과 안정적인 성격, 전통형 능력을 사용할 것이다.'

이 말을 조금 더 풀어 보겠다. 예서는 친구들이 존중받도록 하기 위해 태어났으며, 이를 위해 가르치는 재능과 전통형의 능력과 안정형의 기질을 타고났다고 말할 수 있다. 이처럼 PLACE는 자녀 스스로의 존재감을 알게 하고, 어떤 비전을 세워야 하며 어떤 방향으로 가야 할지 알려 주기 때문에, 아이의 성품을 넓혀 주는 코칭을 할 때 중요한 단서를 제공해 준다.

Tip 16가지 재능

리더십: 방향과 목표를 제시하고 목표달성을 위해 사람과 자원
을 모으고 일하는 재능

긍휼: 아픈 이들의 상처에 공감하고 동정심을 표현하며 위안을
주는 재능

행정: 목표달성에 필요한 자원을 파악하여 효과적인 방향으로
운영하는 재능

직관: 영적인 통찰력을 가지고 담대하게 선포하는 재능

구제: 자신의 소유와 재산을 다른 이에게 기쁜 마음으로 베푸는
재능

가르침: 진리를 이해하는 데 도움을 주도록 전달하는 재능

일(비전): 성장과 발전을 위해 생산적인 일에 집중하는 재능

신뢰: 약속을 지키며 사람들을 믿고 의지하는 재능

격려: 힘들어하는 사람에게 용기와 위안을 주고 격려하여 방법
을 제시하는 재능

섬김: 조직 내에서 다양하게 지원하며 조직원들이 바람직한 결
과를 효과적으로 이루게 하는 재능

도움: 다른 사람들이 조직에서 자신의 재능을 발휘할 수 있도록
도와주는 재능

지혜: 진리를 파악하고 분별하여 적용하는 재능

성품의 리더가 세상을 바꾼다

지식: 진리에 대해 통찰력을 갖고 설명 불가능한 진리를 이해시키는 재능

접대: 음식과 머물 곳이 필요한 이들에게 자신의 집을 제공하는 재능

분별: 가르침이나 행위의 동기가 옳고 그른지 파악하는 재능

세일즈: 자기가 가지고 있는 상품을 설득력 있게 설명하고 판매하는 재능

Tip 사람의 6가지 능력

기업형

- 타고난 리더며 항상 책임을 질 준비가 되어 있다. 어려움을 극복하는 걸 즐기며 자신의 생각대로 설득하길 좋아한다.
- 장시간 투자해야 할 일에는 인내심을 발휘하기도 한다.
- 스스로 원기왕성하고 열정적이며 모험적이고 자신감이 있다.

사교형

- 사람 대하는 일에 자유롭고 친구를 사귀며 자신을 표현하는 데도 능하다.
- 그룹의 중심에 서는 걸 좋아하고 토론하기를 즐긴다.

● 스스로 유쾌하며 인기가 많고 우수하다고 생각한다.

연구형

● 관찰하고 분석하기를 즐긴다.

● 복잡한 문제를 푸는 걸 즐기며 시험에 도전하는 걸 즐긴다.

● 규칙이 엄격한 곳이나 사람이 많은 곳에 있는 것을 꺼린다.

● 과학 분야에서 독창적이고 창의적인 사람이 되고 싶어 한다.

예술형

● 창의력이 뛰어나고 상상력이 풍부하다.

● 예술적으로 자신을 표현할 수 있는 환경을 좋아한다.

● 혼자 또는 소수의 사람과 있는 걸 좋아한다.

● 민감하고 감성적이며 자신을 표현하고자 하는 욕구가 강하다.

현실형

● 집보다는 바깥에 나가는 것을 즐긴다.

● 실제로 체험하는 것을 좋아하며 운동이나 몸으로 하는 일을 좋아한다.

● 자기 생각을 말로 표현하는 데 어려움을 느끼고 의사전달이 서툴다.

● 생각이나 관심사가 다소 진부하지만 실질적이다.

전통형

● 아주 조직적인 활동을 좋아한다.

● 앞장서기보다 조직적인 지휘 체계 아래 있는 걸 좋아한다.

● 사람들이 자신에게 무엇을 기대하고 있는지 정확하게 알아야 마음

이 놓인다.

● 다소 의존적이고 구식인 듯 보이지만 지조 있고 점잖다.

Tip 15가지 열정

영향력: 사람들이 내 생각에 따르도록 영향력을 발휘한다.

지도: 사람들이 어떤 방향으로 나아가도록 격려하고 이끈다.

도전: 새로운 생각이나 새로운 일을 하는 것을 즐긴다.

사교: 공통의 목적을 위해 사람들을 모아 기회를 제공한다.

계발: 자원을 체계적으로 정리하여 조직화하는 능력이 있다.

봉사: 다른 사람들이 성공하도록 도와주는 것이 좋다.

공연: 사람들 앞에서 주목받는 것을 좋아한다.

개선: 이미 만들어진 것을 더 좋은 방향으로 바꿀 수 있다.

완벽: 언제나 정확하고 최고가 되려고 노력한다.

개척: 아무도 하지 않은 일을 시도하는 걸 좋아한다. 포기하지

않는다.

위임: 사람들 적성에 맞게 임무를 배정하는 일을 할 수 있다.

개조 · 수선: 고장난 것을 고치는 것을 좋아한다.

변호: 옳은 일을 옹호하고 불의에 대항한다. 반대편 앞에서도 그렇게 한다.

교육: 다른 사람들에게 목표 달성하는 방법을 가르칠 수 있고 이해시킬 수 있다.

경영(유지 · 보수): 잘 운영되고 있는 일이 더 잘 운영되도록 유지하는 일을 좋아한다.

성품훈련을 위한 사랑의 코칭대화

성품훈련을 위해 부모 코칭을 받고 있던 한 사람이 자신의 아들에게 너무도 충격적인 이야기를 듣고 왔다며 이야기를 시작했다.

"저는 성품을 공부하면서 한 가지 깨달은 게 있어요. 제가 아이를 그저 아이로 대했다는 거예요. 아이를 존재로 보지 않고 제 소유물쯤으로 생각했기 때문에 항상 제한하는 말, 시키는 말을 많이 했어요. 그래서 자녀를 나와 같은 성인으로 대하

226

라는 말을 들었을 때 많이 반성했어요. 그동안 제가 아이에게 화가 나면 소리도 지르고 체벌도 많이 했거든요. 그런데 성품 훈련을 받다가 아이는 부모가 소리지르며 하는 말에 말할 수 없는 상처를 받는다는 이야기를 듣고 다시는 소리 지르지 않으리라 다짐을 했어요. 그런데 하루는 우리 아들이 실수를 했어요. 저는 너무 화가 났지만 속으로 꾹꾹 누르며 '그래, 5분만 참자. 그러면 화가 가라앉을 거야' 하며 참았어요. 아이는 당연히 제 눈치를 보면서도 금세 화를 내지 않으니 의아해했어요. 억지로 몇 분을 참고 겨우 소리를 지르지 않았는데, 저도 모르게 한숨이 나오더라고요. 그런데 아들이 '엄마, 화 많이 났어요?' 라고 말하는 겁니다. 저는 표정을 바꿔 그럴 수도 있다며 아이를 격려했어요. 그런데 아들이 '아까는 왜 소리 지르셨어요?' 그러더라고요. 제가 언제 그랬냐니까, '방금 엄마가 휴 하고 소리 질렀잖아요' 이러는 겁니다. 순간 아이는 부모의 표정과 숨소리까지도 민감하게 받아들이는구나 싶더라고요."

우리의 자녀들은 상상할 수 없을 만큼 예민하고 감성적이다. 부모가 자신의 거울이며 모델이기 때문에 부모의 일거수일투족을 지켜본다. 그렇기 때문에 부모의 표정 하나 몸짓 하나가 자녀들의 성품을 형성하는 데 영향을 미친다.

성품훈련을 위해 자녀를 코칭을 할 때 사용할 수 있는 여러 가지 질문과 기술들이 많다. 그러나 그 모든 것을 하나로 포함시킬 수 있는 건 자녀를 사랑하고 있는 부모, 부모를 믿고 있는 자녀의 관계를 형성하는 것이다. 아이가 충분히 사랑받고 있음을 느꼈을 때 성품훈련을 위한 코칭의 효과도 나타나기 때문이다.

그렇다면 지금 당신은 자녀와 사랑으로 대화하고 있는가? 이 질문에는 자녀들이 대답해야 할 것이다. 당장 자녀들에게 부모의 대화방법에 대해 질문해 보길 바란다.

"네 입장에서 볼 때 엄마(아빠)가 너를 사랑하는 마음으로 말한다고 느끼니?"

자녀는 1점부터 10점 중 냉정하게 점수를 줄 것이다. 물론 10점을 받았다면 언제나 사랑의 방식으로 메시지를 전달하고 있는 것이다. 하지만 1점을 받았다면 노력을 많이 해야 할 것이다.

성품훈련을 위한 사랑의 대화는 타고난 것이 아니라 학습되는 것이다. 마치 몸의 근육을 키우는 것과 같아서 운동을 하는 것처럼 대화할 때 사랑으로 하도록 늘 연습해야 한다.

사랑의 태도로 대화하는 것의 핵심은 경청이다. 잘 들어주는 것이 왜 메시지를 전달할 때의 핵심이 될까? 잘 들어야만 상대의 욕구를 알 수 있기 때문이다. 많은 사람들이 오해하기

성품의 리더가 세상을 바꾼다

를 자신의 표현과 답이 사랑이라고 생각한다는 것이다. 그러나 사랑은 상대방의 방법을 이해하는 것이다. 그러니 경청은 당연하다. 자기 식으로 하면 폭력이 될 수 있다. 자녀는 따뜻하게 안아주기를 원하는데, 부모는 어깨를 툭툭 쳐주며 격려한다면 이미 그것은 잘못된 사랑이 되고 만다. 그러니 상대방이 어떤 사랑을 원하는지 알고 그 기준에 맞춰 사랑을 표현해야 한다.

성품훈련을 위한 사랑의 대화방법은 간단하다. 자신이 말하는 사람이 되었을 때 다음과 같은 방법을 따른다.

내가 보고 들은 것 → 내가 생각하고 느끼는 것 → 내가 원하는 것을 진심으로 말하는 것

반면 경청하는 입장이 되었을 때는 먼저 상대방의 이야기를 다 듣고 나서 확인한다.

'이런 말씀이지요? → 더 하실 말씀은요? → 이런 말씀이군요. → 더 하실 말씀은요?(할말이 없을 때까지 묻는다) → 제가 이야기를 좀 해도 될까요?'

상대방의 이야기를 재차 확인하는 것은, 자신이 잘 듣고

있다는 것을 표현하는 것이다. 사실을 듣고 감정을 듣다 보면 욕구와 의도를 알 수 있고, 결국 상대방이 무엇을 원하는지 알 수 있다.

경청에는 세 가지 방법이 있다. 말한 것만 경청하는 경우와 목적을 가지고 경청하는 경우, 한마음으로 그 사람 입장에서 느끼며 경청하는 것이다. 첫 번째 경우는 사람의 말을 통해 느껴지는 감정과 의도를 들어주는 것으로 듣는 이의 판단으로 경청하는 것이다. 두 번째 목적을 가지고 경청하는 경우는 상대방이 의도한 목적을 들어주는 것이다. 마지막으로 한마음이 되어 경청하는 것은 직감으로 듣는 것이다. 이것은 직감으로 그 사람과 관련된 모든 것을 경청하는 것이다.

이해를 돕기 위한 예를 들겠다. 지금 자녀가 당신 앞에 앉아 있다. 아이는 여러 가지 이야기를 쏟아놓는 중이며 당신은 그 이야기를 앞의 세 가지 방법을 이용하여 경청하고 있다.

"고등학생이 되었을 때 저는 학교생활에 잘 적응하고 학업도 잘 하리라 생각했었어요. 그런데 중학생 때와는 달리 친구들 사귀기는 것도 쉽지 않고, 동아리 위주로 활동하다 보니 저만 떨어진 느낌도 들어요. 지금까지 친구들을 사귈 땐 항상 제가 리드하는 입장에 서 있었는데 지금은 그럴 자신이 없어요. 그래서 매일 혼자 좋아하는 만화를 그리곤 했어요. 그런데 하루는

성품의 리더가 세상을 바꾼다

한 친구가 제가 그린 만화를 보더니 관심을 갖더라구요. 그 친구도 만화를 그리는 데 관심이 많았나봐요. 그날 그 친구와 같이 만화도 그리고 이야기도 나누다가 친해지게 되었어요. 그런데 알고 보니 우리 반에 만화에 관심 있는 친구가 꽤 있더라고요. 이젠 만화 덕분에 친구들도 많이 사귀게 되고, 그 친구들과 함께 만화 동아리를 만들어 볼까 생각도 해 보게 됐어요."

우리 자녀가 하는 말에서 어떤 것을 느낄 수 있을까? 일반적으로 듣는다면 그저 자녀가 친구를 사귀기 어려워한다는 것과 동아리를 만들 생각을 하는 중이라는 것 정도를 알게 될 것이다.

그러나 경청의 세 가지 방법에 따른다면, 제일 먼저 말하는 아이의 감정과 느낌 그리고 말하는 의도가 무엇인지를 생각하며 들어 보는 것이다. 아이는 친구를 사귀고 싶은데 잘 되지 않아 답답하고 소외된 느낌을 받고 있다. 결국 아이의 의도는 다양한 친구들과 사귀고 싶다는 것이다.

또 만화 동아리 이야기를 통해 그저 동아리를 만들어 보겠다는 것 외에 친구들에게 영향력을 끼치는 사람이 되고 싶은 마음을 읽을 수 있다. 그렇다면 이제 아이의 이야기를 들으며 생각의 폭을 넓히자. 과거 아이는 친구가 많았고 넘치는 사교성으로 즐거웠다. 그렇다면 앞으로 아이의 사회성은 어떻게 발전할까? 아이는 어떤 친구들을 사귈까? 이런 다양한 생각을 하며 경청을 하는 것이다.

이러한 경청이 이루어지면 짧은 대화에서 훨씬 더 많은 교감을 나눌 수 있게 되고 깊이 있는 대화를 나눌 수 있게 된다. 앞서 말했듯 자녀는 부모의 표정과 말투에서도 사랑의 대화를 하고 있는지 아닌지 가늠한다. 따라서 부드러운 억양과 표정 그리고 존중하는 마음으로 들어줄 때 비로소 자녀의 입과 귀와 가슴이 열리는 것이다.

자녀들이 부모에게 진정 원하는 것은 "우리가 네 얘기를 듣고 있단다. 힘들지? 이제 내가 어떻게 도와줄까? 내가 이 문제에 대해 어떻게 했으면 좋겠니?" 하는 중립적인 사랑의 태도를 보이며 성품 계발을 돕는 것이다.

경청을 통한 사랑의 대화

최근 들어 겉돌기 시작하는 아들과 그의 어머니는 대화의 벽을 실감한다. 두 가지 대화의 예를 통해 경청이 얼마나 중요하며 사랑의 대화가 얼마나 효과를 발휘할 수 있는지 비교해 보라.

성품의 리더가 세상을 바꾼다

일반 가정에서의 대화

부모: 너, 왜 학교 안 갔어?

자녀: 그냥 가기 싫어서.

부모: 뭐? 그게 말이 돼? 너 그게 대체 무슨 소리야? 벌써부터 학교 그만두려고 그러냐?

자녀: 아, 몰라. 가기 싫을 때도 있잖아.

부모: 학교가 가기 싫으면 안 가도 되고 그런 데냐? 애가 정말 뭐가 되려고 이래.

자녀: 나도 다 이유가 있어.

부모: 그래, 대체 무슨 이유인데? 어디 좀 들어 보자.

자녀: 애들이 나만 왕따시킨단 말이야.

부모: 다들 공부하느라 그런 거잖아. 너도 공부해 봐라. 그럴 새가 있나.

자녀: 그만해. 아무튼 엄마랑은 말이 안 통해.

경청하는 대화

부모: 엄마랑 얘기 좀 하자. 학교에서 전화가 왔는데 너 오늘 결석했다며?

자녀: 응, 오늘 학교 안 갔어.

부모: 뭐 때문에 안 갔니? 엄마한테 말해 줄 수 있겠니?

자녀: 별로 말하고 싶지 않아.

부모: 음, 기분이 별론가 보네.

자녀: 몰라. 요즘 괜히 화나고 짜증나고 그래.

부모: 그랬구나. 엄마도 괜히 화나고 짜증날 때가 있긴 해. 그럴 땐 누구한테 이야기를 하고 나면 속이 시원해지던데, 너도 엄마한테 털어놓을 생각은 없니?

자녀: 그냥 아침에 학교 가는데 친구 둘이 자꾸 장난을 치는 거야. 가방도 뺏고 뒤통수도 때리고.

부모: 그래? 친구들이 너에게 짓궂은 장난을 쳤구나. 그리고?

자녀: 꾹 참고 갔는데, 일찍 온 우리 반 짱이 또 나한테 시비를 거는 거야. 내가 키가 작다고 좀 무시했거든.

부모: 그랬구나.

자녀: 시비 거는 그 자식한테 가서 다시는 시비 걸지 말라고 하고 나와버렸어. 거기에 있다가는 꼭 싸울 것 같았어.

부모: 거기 있으면 싸울 것 같았구나!

자녀: 그게 다야.

부모: 이제 엄마가 얘기 좀 해도 되겠니? 먼저 이렇게 얘기해 줘서 고마워. 엄마가 듣기에 친구들이 시비 거는 게 굉장히 속상했던 것 같아. 사실 너는 친구들과 잘 지내고 싶었을 텐데.

성품의 리더가 세상을 바꾼다

자녀: 맞아. 나는 친구들이 시비 거는 게 너무 싫어.

부모: 그랬구나⋯. 네가 무척 답답했을 것 같아. 네 뜻대로 되지 않아 속상했겠구나. 너는 큰 싸움을 피하고 아이들과 학교에 피해를 주지 않으려고 했던 거구나.

자녀: 그것까지는 모르겠고, 싸움을 피하고 싶은 마음은 있었어. 그래서 그냥 수업을 받지 않고 나온 거야.

부모: 엄마가 어떻게 도움을 줄 수 있을까?

자녀: 엄마가 해 줄 일은 없어. 그렇지만 제 행동을 이해해 줘서 고마워요. 내일은 학교에 가서 그 친구한테 앞으로 잘 지내자고 할게.

성품을 견고하게 하는 부모의 기도

성공을 위한 기도

하나님 아버지! 아버지께서는 우리에게 말씀을 통해 성공의 길을 가르쳐 주셨습니다. 아버지의 말씀 안에는 무궁한 약속들이 담겨 있사오니, 그 약속의 말씀을 인하여 감사를 드립니다. 이 시간, 제 자녀 _____의 앞길을 위해 기도하려고, 아버지 앞에 나왔습니다. 기도를 열납하여 주소서. 그로 하여금, 성공과 행복과 번영을 가져다 주는 열쇠는, 바로 우리 주 예수 그리스도를 바로 알고 주의 말씀을 묵상하는 것이라는 것을 일찍 깨달을 수 있도록 인도해 주소서.[1]

오, 주님! 오직 주의 율법을 즐거워하여, 그 율법을 주야로 묵상하는 자가 되게 하여 주소서.[2] 주의 말씀을 사모하여 시냇가에 심긴 나무처럼 시절을 좇아 과실을 맺으며, 그 행사가 다 형통하게 하소서.[3] 전능하신 주의 이름을 찬양합니다.

주님! 주께서 말씀하시기를, 주를 사랑하는 자는 모든 일에서 다 형통하리라고 하셨습니다.[4] 담장 안에는 평안이 깃들고, 거하는 처소에 번영이 가득하게 하소서.[5] 저는 오직, _____가 마음을 다하고 목숨을 다하고 뜻을 다하고 힘을 다하여 주 하나님을 사랑하고,[6] 주께서도 영원하신 사랑으로 그를 사랑해 주시기만을 기도합니다.[7]

　바라옵건대, 무엇보다도 제 아이가 인격적으로 주님을 만나서, 영원한 생명을 선물로 받게 하시고,[8] 일생 동안 범사가 잘되고 강건하게 해 주소서.[9]

　주님과의 언약을 지키는 것이 얼마나 중요한지를 깨달아 주의 명령을 온전히 따름으로써, 행하는 모든 일이 형통하게 하여 주소서.[10] 언제나 주의 사랑이 충만하게 임하도록 축복하시고,[11] 부디 그를 눈여겨보아 주소서.[12] 주의 말씀에, 주의 눈은 의로운 자를 살피시며, 주의 귀는 그들의 부르짖는 소리에 귀 기울이신다고 하셨습니다.[13] 하나님! 감사합니다. 아멘.

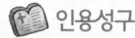 인용성구

1. 수 1:8, 2. 시 1:2, 3. 시 1:3, 4. 시 122:6, 5. 시 122:7, 6. 마 22:37, 7. 시 100:5, 8. 롬 6:23, 9. 요삼 1:2, 10. 시 132:12, 11. 시 34:18, 12. 시 32:8, 13. 시 34:15

오! 하나님
오늘 하루 동안 중요한 결단을 내려야 하고,
시험을 물리치기 위해 싸워야 하며,
반드시 풀지 않으면 안 될 특별한 문제를 안고 있어
매우 고달픈 날이 될 자들에게
지혜와 능력으로 축복하시기 원합니다.

오늘 하루 동안 눈물과 슬픔과 외로움으로 보내야 하고,
사랑하는 사람이 죽어 장례를 치러야 하며,
아침에 일어나도 할 일이 없어 빈둥빈둥 놀아야 하므로
매우 슬픈 날이 될 자들에게
눈물을 거두어가시는 복을 베푸시기 원합니다.

기쁨으로 이날이 시작되기를 고대하는 자들과,
오늘 결혼식을 올리게 될 사람들,
그리고 즐거움 가운데 하루를 살아가므로
오늘 하루가 매우 유쾌한 날이 될 자들에게
복을 베푸시기 원합니다.

오늘 하루 동안 내게
모든 사람을 동정하고 사랑하는 마음이 떠나지 않게 하시므로,
내가 슬퍼하는 자들과 함께 슬퍼하고,
즐거워하는 자들과 함께 즐거워하게 하옵소서.

윌리엄 바클레이 〈다른 사람의 하루를 위한 기도〉

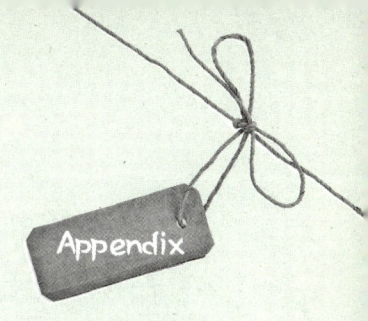

성공적인 성품훈련 실천 사례

열린 교육으로 새로운 현실을 창조하다

성민이네 가정　우리가 홈스쿨링을 결정했을 때, 약사인 남편(성민이 아빠)과 주부인 나는 예수전도단의 DTS 훈련 중이었다. 이때 성민이가 일곱 살, 동생 준민이는 네 살이었다. 우리 부부는 주변에 크리스천 홈스쿨링을 하시는 분을 알고 있었기 때문에 성민이를 초등학교에 입학시키지 않고 홈스쿨링을 하기로 미리 마음먹게 되었다. 하나님의 가치로 아이를 기르겠다는 결심을 하고 홈스쿨링을 시작하고서야 비로소 나는 처음으로 '성품교육'의 중요성을 알게 되었다.

성품교육이라는 용어 자체가 낯설었지만 성품이 제대로 갖추어지지 않은 상태에서 지식 교육을 한다는 것은 사상누각이라는 것을 알게 되었다. 하나님께서 찾으시는 사람은 영성과 인성(성품), 그리고 지성을 갖춘 사람이다. 이것을 잊고서 이제껏 내 소견에 옳다고 생각되는 대로 아이를 교육해 온 것이 얼마나 어리석은 일이었는가.

성민이 친구들이 초등학교에 입학할 때, 성민이는 분당에 있는 크리스천 대안학교인 '글로벌리더십국제학교'에서 진행하는 홈스쿨 반에 들어갔다. 이 학교에서 제공하는 프로그램으로 홈스쿨링을 하면서 주 3회 학교에 가서 과목지도를 받고, 나머지 날들은 집에서 직접 홈스쿨 방식으로 가르쳤다. 성민이는 어린 나이지만 그동안 지식 위주의 교육을 해왔기 때문에 그 부분에서는 제 또래에 비해 탁월함을 보였다. 그러나 그곳에서 만난 형들과의 관계에서 지나치게 자기중심적인 면이 드러났다. 예를 들면, 집에서는 성품훈련을 통해 순종적인 자세를 보였지만 학교에서 형들을 만나면 그렇지 못했다.

그곳에서 만난 형들은 일반 학교로 치자면 초등학교 고학년에 해당하는 형들이었는데, 그 형들은 성품훈련의 효과가 나타나기 전이었기 때문에 아직 세상의 문화가 몸에 배어 있을 때였다. 성민이가 가끔씩 형들이 이러이러한 말을 해서 모욕감

우리는 아이에게 성품훈련 지도를 통해 시대를 읽는 눈과
깊고 넓게 사고하는 힘을 길러 주고 있다

을 느꼈다고 말할 때, 나는 속으로 그 형들이 잘못했다고 생각
했다. 그래서 학교에서 그 형들을 만나면 조용히 그러지 말라
고 타일렀다. 사실 마음속에는 '다 너희 잘못이야. 우리 성민
이는 잘못이 없어' 라는 생각이 꽉 차 있었다.

　학교의 부모훈련 등을 통해 성품에 대해 배우고 실행해 나
가면서 내 판단이 잘못되었다는 것을 알게 되었다. 왜냐하면
순종은 '모든 권위' 에 해당하는 것이기 때문에 성민이가 형들
의 권위에도 순종했어야 했다는 생각이 들었다. 활달하지만 자
기 중심적인이고 여러 사람들과 잘 어울리지 못하며, 자기 뜻
대로 되지 않을 때 화를 내는 모습을 보면서 성민이도 다듬어

져야 하는 부분이 있다는 것을 알게 되었다. 그동안 성민이 자신도 형들이 '거칠다'는 선입견을 가지고 대했던 것이다.

감사하게도 홈스쿨링을 시작할 때 남편의 전적인 동의와 협력이 있었다. 지난 1년 동안 우리 가족의 하루는 아침 7시 30분에 드리는 예배로 시작되었다. 예배는 30분 정도 걸렸는데, 예배 순서는 이렇다.

아빠와 엄마, 성민이, 동생 준민이가 함께 둘러앉아 찬양하고 성경을 읽는다. 이때 아빠가 성경의 배경을 설명해 주고 나서 묵상과 적용 나누기를 하고 성품훈련도 한다. 성품훈련은 온 가족이 해당 성품의 '정의'와 '나의 결심'을 큰소리로 다섯 번씩 함께 읽고 그날 실천할 것을 나눈다.

그러고 나서는 성경쓰기와 암송, 특히 영어성경을 암송한다. 또 성경읽기를 하는데, 이때는 구체적인 양을 정하지 않고 시간을 정했다. 우리가 정한 성경읽기 시간은 40분이었는데, 처음에는 40분을 채우기 어려웠지만 1년이 지난 지금은 성경 읽는 재미에 시간이 가는 줄 모른다. 그러고 나면 교과목 공부를 한다.

국어공부는 독서를 통해서 하고 한자와 영어를 공부하는데, 이때 영어교재는 《그리스도 중심 커리큘럼Christ Centered Curriculum》을 사용했다. 공교육 교재는 수학교과서만 사용했

 성품의 리더가 세상을 바꾼다

는데, 초등학교 1학년 수학부터 진행해 나갔다. 성민이는 이때 공부를 놀이처럼 느꼈다. 교재에 바둑알로 숫자 세기가 나오면 실제로 그렇게 해 보고, 모형이 나오면 집안에 있는 물건 중에서 동그라미, 네모, 세모 등의 모양을 찾아내는 일이 엄마와 함께하는 즐거운 놀이가 되었기 때문이다.

처음에는 힘들었던 성품훈련이 자리를 잡게 된 계기는 '순종'을 익힐 때였다. 순종은 모든 성품 중에서 가장 중요한 덕목이다. 순종이 훈련되면 나머지 것들은 쉽게 익힐 수 있을 만큼 중요하고도 어려운 게 이것이었다. 온 가족이 매일 순종의 정의와 나의 결심을 다섯 번씩 읽고 나서 바로 훈련에 돌입했다. 아이의 이름을 부르면 즉시 "예, 엄마!" 하고 달려오는 연습을 매일 했고, 순종이 안 되고 억지로 마지못해 대답하며 늑장부릴 때는 순종은 기쁘게, 즉시 하는 것임을 늘 상기시켰다.

'인내'는 방석훈련을 통해서 익혔는데, 처음에는 자리에 앉아 있는 시간을 10분부터 시작했다. 이후 20분, 30분으로 점차 시간을 늘려가면서 어른 예배에도 집중할 수 있었고, 집에 손님이 왔을 때도 방석에 앉아서 어른들의 대화가 끝날 때까지 기다릴 줄 알게 되었다.

그리고 성품을 각인시키기 위해 해당 성품에 관계되는 위인전을 읽힌 것이 효과가 있었다. 예를 들면, 순종의 인물로는

'아브라함과 이삭'을 들 수 있는데, 어른들은 아브라함이 순종의 인물이라고 생각하는 반면, 성민이는 자녀의 입장이어서인지 순종의 인물로 이삭을 들었다. 그 이유는 이삭이 아버지를 밀치고 나올 수도 있는 상황에서 아버지 아브라함의 순종을 본받아 자신을 번제로 바치려는 아버지께 순종했다는 것이다.

'인내'를 훈육할 때는 '히데오 노구찌'라는 인물에 관한 책을 읽었고, '질서'를 훈련할 때는 하나님의 질서를 발견한 위인들인 '코페르니쿠스, 뉴턴, 갈릴레오'의 이야기를 읽었다. '용기'의 인물로는 '안중근, 안창호, 유관순'에 관한 책을, '경청'을 훈련할 때는 음악가들에 관한 책을 읽었다.

성품훈련을 하면서 좋은 점은 부모의 입장에서 아이들과의 관계가 회복되었다는 것이다. 아이들의 전적인 순종과 경청, 인내 등을 연계하여 다루면서 엄마가 큰소리치거나 매를 드는 일이 드물어졌다. 이런 아이들이 너무도 사랑스럽게 느껴져서 아이를 더 낳고 싶다는 생각이 들 정도였다. 성민이는 아직 어리지만 자신의 잘못되었던 성품이 고쳐지고 좋아지는 것이 기쁘다고 한다. 또 공부가 놀이처럼 느껴져서 재미있다고 한다.

이러한 훈육을 할 때 힘든 점은 솔직히 우리 자신도 알지 못하고 경험해 보지 못한 것을 아이들에게 시도한다는 것이다.

244

더군다나 나 자신의 성품을 보게 될 때는 한계를 느끼기도 했다. 아이에게는 큰소리로 말하지 말고 차분하게 말하라고 하면서, 때로 나는 아이들과 부딪힐 때면 흥분하고 소리치곤 했다. 훈계할 때는 분을 품고 매를 댄 적도 있었다. 이 모든 상황들이 인내하지 못함으로 인해 발생한 상황이어서 아이들에게 부끄럽기도 했다.

또 순종을 가르치면서 남편의 권위에 순종하지 못하는 모습을 보일 때는 "지혜로운 여인은 자기 집을 세우되 미련한 여인은 자기 손으로 그것을 허느니라"(잠 14:1)는 말씀처럼 잘 지어올린 성품의 집을 스스로 허물었다는 죄책감에 시달리기도 했다. 그럴 때는 남편에게 내 연약함을 고백하고 도와달라고 요청하기도 했다.

우리가 하는 일은 훈육이기 때문에 반드시 잘못된 성품들을 고쳐서 올바른 성품이 자리잡도록 해야 했다. 그래서 부모인 우리가 한 시도 긴장을 늦출 수가 없었다.

다른 사람들은 우리 부부에게 어떻게 그렇게 자기 시간도 없이 자녀에게 모든 것을 다 던질 수 있느냐고 묻는다. 그렇다. 성품훈련과 홈스쿨링은 부모의 전적인 헌신을 요구한다. 내 경우에는 예수전도단에서 배운 '귀납적 성경연구'를 토대로 내 아이의 성경교사로 거듭난다는 느낌으로 성품훈련과 공부에

임했다. 내가 배운 것이 헛되지 않고 우리 아이들을 예수님의 제자로 안내하는 데 밑거름이 된다고 생각하니 기뻤다. 그러나 좀더 욕심을 내자면 아이들을 훈육하는 데 필요한 책들을 읽을 시간이 더 있었으면 하는 마음과, 집안일을 좀더 빨리 처리했으면 하는 바람이 있다.

성품훈련을 한 지 1년밖에 안 되었지만 수많은 값진 열매를 얻었다. 활동적이어서 뛰어다니기 좋아했던 아이가 예배시간 1시간 동안 경청하고 인내하게 된 것, 동생을 놀리고 때리던 아이가 동생을 잘 돌보고 배려하게 된 것, 아침에 바로 일어나고 밤에 즉시 자게 된 것, 신발정리, 설거지, 청소하기, 쓰레기 분리수거 등 집안일을 돕게 된 것, 가장 부족했던 사회성이 길러진 것(형이나 누나의 말을 따르며, 동생들을 돌보고 섬김), 엘리베이터를 탔을 때 다른 사람에게 인사를 잘하는 것, 식탁예절을 익힌 것과 편식을 안 하는 것, 불평하지 않고 감사를 표현하는 것, 항상 엄마를 기쁘게 하려고 애쓰는 것, 성민이를 알고 있는 사람들에게서 많이 변화되었다는 칭찬을 듣는 것….

이 모든 것들이 성품훈련의 열매라고 말하고 싶다. 그러나 무엇보다도 아이가 엄마와 함께 배우는 것을 행복해하고 하나님의 성품을 닮은 매너 좋은 아이로 성장하고 있다는 것이 가장 큰 열매다. 끝으로 성품훈련을 시작하려는 가정에게 우리

성품의 리더가 세상을 바꾼다

가족의 메시지를 전한다.

아빠: 성품은 그리스도의 향기를 나타내는 시작입니다.

엄마: 만약 성품을 몰랐다면… 윽, 끔찍!

성민: 성품훈련은 대충하는 것이 아니에요. 성품훈련은 힘들기도 하지만 나중에 변화되기 때문에 보람이 있어요.

성품훈련으로 글로벌 경쟁력을 갖추다

진호네 가정   우리 집은 연년생 아들(11세, 12세) 둘을 둔 맞벌이 가정이다. 남자아이들 연년생이 쌍둥이처럼 자라면 약간은 거칠고, 싸우면서 자라는 것이 당연하다고 생각했다. 그래서 아이들에게 조금 너그럽게 대했고 크게 훈계한 적이 없었다. 그런데 아이들은 자라면서 점점 더 거칠어졌다. 또 내가 일을 하기 때문에 아이들끼리 있는 시간이 많아지면서 방치된 면이 있었다. 그러나 아이들의 상태가 그렇게 심각하다고는 생각하지 않았다. 다른 집 아이들도 다들 그러면서 자란다고 생각했다.

큰 아이 진호는 신중형 · 안정형 기질에 탐구적인 성격을 가지고 있었다. 동생에게 종종 과격하게 행동했고, 부정적으로 생각하고 부정적인 언어를 사용했으며, 자신의 감정을 통제하지 못하고 그대로 표현했다. 관심 있는 분야에는 집중을 잘하는 반면, 관심이 없는 분야에는 산만한 모습을 보였다. 또 학교 생활 등 공동체 생활에는 관심이 없고 교실에서 혼자 독서를 하는가 하면, 관심이 없는 수업시간에는 선생님 몰래 혼자 다른 책을 읽곤 했다. 방과 후에는 영어, 수학 학원에 다녔고 컴퓨터 게임도 그리 즐기는 편이 아니었다.

둘째 아이 진수는 주도형·사교형 기질에 순발력이 강한 것이 특징이었다. 그래서 부모의 지시에 임기응변적으로 대처하고, 주도적이며 사교적인 기질임에도 대중 앞에서는 부끄러움이 심했다. 또 형과 마찬가지로 부정적으로 생각하고 부정적인 언어를 사용했으며, 자신의 잘못을 즉시 인정하지 않고 끝까지 변명하려 했다. 두 아이 모두 보통의 아이들처럼 부모들을 속이거나 유행어를 사용했다. 진수는 유난히 승부욕이 강해서 남에게 지기 싫어하고 양보를 할 줄 몰랐다. 공부 잘하는 친구만 골라서 사귀고, 공부하는 시간에 비해서는 좋은 성적을 거두는 편이었다. 체력은 약하지만 자신이 좋아하는 축구를 할 때는 놀라운 공격력과 인내력을 보였다. 그리고 컴퓨터에 대한 이해가 빠르고 게임을 즐겼다. 방과 후에는 형과 같이 학원에

248

다녔다.

우리 부부는 두 아들을 하나님 말씀으로 양육하기 위한 방법을 찾다가 6개월 전 기독교 대안학교인 '글로벌리더십국제학교'를 알게 되었고, 이곳에 아이들을 입학시켰다. 이 학교는 전일제 교육은 물론 부모가 자녀를 직접 교육시킬 수 있도록 돕는 홈스쿨 프로그램도 함께 운영하고 있었는데, 학교에서는 우리 두 아이를 홈스쿨링으로 지도해 보라고 권했다.

학교의 권유로 성품훈련을 중심으로 배우는 홈스쿨반 수업을 참관하게 되었는데, 수업을 받는 아이들의 모습을 보고 너무도 큰 충격을 받았다. 세상의 다른 아이들에 비하면 우리 아이들은 심한 것은 아니라고 생각해 왔는데, 성품훈련을 받고 있는 아이들을 보니 우리 아이들이 어떤 상태인지 알게 되었다. 나는 그 수업을 듣고 나서, 우리 아이들의 잘못된 성품을 꼭 고쳐 주어야겠다는 비장한 각오를 하게 되었다. 그때서야 그동안 아이들에게 성품교육을 시키지 못한 것에 대해 아이들에게 미안한 마음이 들었다.

막상 가정에서 홈스쿨링을 실시하려고 하니 우선 내가 하던 일을 그만두어야 했다. 나는 더 늦기 전에 아이들에게 엄마로서 해 줄 수 있는 것을 해 주어야겠다고 굳은 결심을 하고, 수입이 줄어들 것을 감안하고 운영하던 유기농 매장에 나 대신

일할 직원을 고용했다. 그리고 나의 온 시간을 아이들에게 투자하기로 했다. 남편은 개인 사업을 하고 있었는데, 내 제안에 흔쾌히 동의하고 동참하기로 했다. 왜냐하면 남편의 선배 가정이 이미 홈스쿨링을 하고 있었기 때문이다.

2006년 3월 현재 성품훈련을 시작한 지 6개월이 되었다. 집에서 아이들을 직접 가르치고 성품훈련을 한 지가 얼마 안 되어서 아직은 결과가 어떻다고 단언할 수는 없지만, 지금까지의 과정과 열매만으로도 우리는 너무 감사하고 있다.

부모의 입장에서 특히 좋은 점은 아이들의 문제점이 구체적으로 드러나서 서로 인식하면서 고칠 수 있다는 점이다. 또 우리 부모들이 잘못 알고 있었던 가치관들, 예를 들면 '친구 같은 부모'라든가 '자녀와 타협해야 한다'는 생각들을 바로잡게 되어 좋았다. 게다가 우리 가정의 경우에는 성품훈련을 시작한 지 얼마 되지 않았는데도 결과가 비교적 빠른 시간 안에 나타났다.

힘들었던 점은 자녀의 성품훈련을 하려면 우리 부부의 성품이 먼저 변해야 한다는 것이었다. 부모는 아이들에게 본을 보여야 하기 때문에 아이들 훈육에 앞서 먼저 내 자신이 변해야 하는 것이 어려웠다. 부모는 변하지 않으면서 아이들에게만 변하라고 강요할 수 없지 않은가. 또 성품훈련은 자녀의 영적

성품의 리더가 세상을 바꾼다

인 부분에 대한 훈육이기 때문에, 변화를 싫어하는 자녀와 영적인 싸움도 동시에 해야 하므로 정신적 에너지의 소모가 심해 탈진할 때가 종종 있었다. 또 훈육하는 동안 매를 들어야 할 때가 있는데 기본적으로 매를 들지 않고 훈계하고자 했던 내게는 힘든 일이었다.

첫째 아이 진호는 성품훈련을 하면서 좋았던 점을 이렇게 말한다. "난 성품훈련을 받으면서 내가 조금씩 나아지는 것을 느꼈어요. 왜냐하면 점점 부모님께 혼나는 횟수가 줄어들었거든요. 부모님도 우리의 성품이 많이 좋아졌다고 칭찬하셨어요. 나는 내 성품이 빨리 완성되었으면 좋겠어요. 성품이 완성되면 부모님께 혼나지도 않을 거고, 그렇게 되면 난 더 이상 성품훈련에 신경 쓰지 않고 공부에 집중할 수 있을 테니까요."

처음에 진호도 성품훈련을 할 때 많이 힘들어했다. 진호는 처음에는 이미 몸에 밴 나쁜 습관들이 잘 고쳐지지 않았는데, 의외로 그런 것들은 생각보다 금방 고쳐졌고, 오히려 사소한 것들이 더 고치기 어려웠다고 말했다. 한편 둘째 아이 진수는 성품훈련을 받은 후부터 삶이 기쁘고 공부에도 재미가 느껴진다며, 성품훈련을 통해서 자신에게 부족한 것을 고칠 수 있게 되어 좋다고 한다.

우리 가정은 성품훈련을 하는 다른 가정과 마찬가지로 매일 아침 성품훈련 교재를 큰소리로 낭독한다. 그리고 성품훈련을 받은 대로 실제로 실행한 것과 어려웠던 점을 부모 앞에서 발표하게 했다. 우리는 한 가지 성품훈련을 대략 1, 2개월 동안 집중적으로 했다. 초기에는 저녁 가정예배 때도 온 가족이 성품 매뉴얼을 돌려가면서 한 사람씩 소리 내어 읽었다. 아침저녁으로 이렇게 하니까 한 달이 채 되지 않아서부터 훈련의 결과들이 나타나기 시작했다.

훈련의 결과를 예를 들면, '경청'의 경우에는 몸 경청, 즉 자세 바로하기, 다리 떨지 않기, 손가락 장난하지 않기, 불필요한 신체 접촉을 하지 않았고, 마음경청, 즉 어른들 대화에 끼어들지 않기, 시선 집중하기 등을 실시했다. 이렇게 훈련하는 동안 아이들은 부정적인 마음을 버리게 되었고, 말이 부드러워졌으며, 표정이 온순해지고, 태도도 바르게 변했다. 처음에 순종을 훈련했을 때, 아이들이 부모에게 즉시 순종하는 것을 보고 우리 부부는 매우 신기해했다. 우리는 "와, 이 원리가 이렇게 실제로 작용하는구나!" 하고 서로 감탄했다.

이런 변화는 집안에서만 일어난 것이 아니라 밖에서도 일어났다. 우리 아이들의 이전 모습을 알고 있던 주위 사람들도 아이들이 빠른 시간 안에 변하는 것을 보고는 깜짝 놀랐다. 성품훈련을 하지 않을 때부터 모이던 아이들의 모임에서도, 우리

252

아이들의 언행이 확연히 달라져서 다른 아이들과 구별되었고, 이것을 본 부모들은 모두 놀라게 되었다.

또 우리 아이들도 성품훈련 후 자신감을 갖게 되어 확실한 정체성을 찾았고, 이전에는 생각지 못했던 '세상에 좋은 영향력을 미치는 리더가 되고 싶다'는 새로운 꿈을 갖게 되었다. 나는 최근에 우리 두 아이들이, 자기들이 알고 있는 다른 아이들의 어떤 성품이 더 계발되면 좋겠다고 서로 평가하는 것을 보게 되었는데, 이것은 기대 이상의 성과라 몹시 흐뭇했다.

이제 나는 막 성품훈련을 시작하려는 가정에게 한마디 메시지를 전하려고 한다.

아빠: 성품훈련을 할 때 너무 교과서적이거나 권위적으로 하지 말기 바랍니다. 그렇다고 부모로서의 권위를 잃으면 안 됩니다. '내가 어릴 때는' '내가 자랄 때는' 등과 같이 자기의 옛날과 비교하지 마십시오.

엄마: 자녀를 훈육할 때는 자신의 감정을 통제하는 것이 가장 중요합니다. 아이들의 언행에 너무 일희일비하지 말고 자녀의 훈육을 절대로 포기하지 마십시오. 일상생활에서 꾸준한 실천이 가장 중요하다는 사실을 절대 잊어서는 안 됩니다.

부모가 자녀에게 줄 수 있는 최고의 축복

지혜네 가정　우리 가정이 성품훈련을 시작한 것은 2년 전
이다. 당시 딸 지혜가 열네 살, 아들 창순이가 열두 살이었다.
나는 전에도 자녀교육에 관심이 많았다. 그런데 책을 읽으면
저자에 따라, 또 어른들께 여쭤 보면 자신의 입장에서 각기 다
른 조언을 해 주었기 때문에 갈팡질팡할 때가 많았다. 성경적
인 가르침을 나름대로 적용한다고 했지만, 실질적으로 아이들
을 훈련할 때는 어떻게 해야 할지 몰라서 망설였고 가치관이
늘 변했다. 그래서 분명히 아이가 잘못해서 혼냈는데 마음속으
로는 죄책감을 안고 괴로워할 때도 있었다. 나는 아이들을 자
율적으로 두어야 할 때와 내가 주도적으로 지도해야 할 때를
구분하지 못해서 늘 혼란스러웠다.

　성품훈련을 시작하기 전에 딸 지혜는 동생과 자주 싸웠고
우리(부모)에게 공손하지 않았다. 어렸을 때는 그렇게 온순하던
아이가 사춘기에 접어들면서 여느 아이와 같이 자기 주장이 강
해지고 부모와 관계가 점점 멀어지는 것을 느낄 수 있었다.

　지혜는 초등학교 2학년 때부터 큐티를 했고, 매일 아침이
면 성경을 읽고 교회 일도 열심히 해서 주변 어른들께 칭찬받
는 아이였다. 그러나 다른 집 어린아이들은 잘 돌봐 주면서도

성품의 리더가 세상을 바꾼다

정작 자기 동생에게는 그렇지 못했다. 그 연약함을 놓고 기도도 하고 회개도 하지만 이런 문제는 쉽게 해결되지 않았다.

둘째 아이인 아들 창순이는 학교에서 산만하다는 말을 들었다. 그 정도로 장난기가 많은 아이였다. 남달리 믿음이 좋고 부모를 잘 따르는 아이였지만, 누나와의 관계에서나 또래 친구들과의 관계에서는 경쟁의식이 있어서 인격적으로 부딪힐 때가 많았다.

이런 상황에서 성품훈련에 대해 배우면서 이제 어떻게 아이들을 성숙한 크리스천으로 훈육시켜야 하는지 알게 되었다.

베드로후서 1장 4절 말씀을 통해서 나는 우리 아이들을 신의 성품에 참예하는 아이들로 자라게 해야겠다는 분명한 목표를 갖게 되었다. 나는 그동안 하나님께서 주신 영적인 권위를 잘 사용하지 못하고 아이들과 세태에 이끌려 이리저리 흔들렸던 나 자신을 발견했다. 나는 하나님께서 부모에게 주신 부모의 권위를 회복해야 한다는 것을 깨닫게 되었다. 그래서 아이들에게 "부모는 너희를 이 세상에서 가장 먼저 책임질 사람이기 때문에 모든 일을 우선적으로 의논하고 또 순종해야 한다. 왜냐하면 인간이 하나님께 순종하듯 하나님께서 세우신 부모에게 순종하는 것이 마땅하기 때문이란다" 하고 부모에게 순종할 것을 확실하게 가르쳤다.

성품훈련을 시작하고 보니 가장 힘든 것이 사춘기를 맞은 딸아이를 훈련하는 일이었다. 성품훈련을 알기 전에는 '우리 딸이 사춘기라 조금 힘들게는 하지만 이 정도면 괜찮아'라는 마음이었다. 그러나 성품훈련을 함께 받으면서 나는 주변 사람들 보기가 부끄러울 정도로 얼굴이 화끈거린 적이 한두 번이 아니었다. 말 한마디, 얼굴 표정, 동생을 대하는 태도, 부모인 우리에게 말하는 투가 몹시 거칠어서 함께 훈련받는 집사님의 얼굴을 보기가 민망할 정도였다.

　　그러면서 나는 우리 딸의 근본적인 문제가 나와의 관계에 있다는 것을 알게 되었다. 사실 성품훈련이 잘 되지 않을 때는 딸에 대한 내 영향력이 이렇게 약해졌나 싶고, 아이가 내 품에서 멀어져만 가는 것 같아 힘들었다. 성품훈련을 하기에는 너무 늦은 것이 아닌가 하는 생각에 성품훈련을 지도해 주시는 선교사님께 이런 고민을 털어놓았더니 아주 중요한 조언을 해 주셨다. 사춘기 아이들은 강압적으로 하지 말고 많이 설명해 주고, 느리더라도 기다리며 많은 이야기를 나누라는 것이었다. 그러면 당장은 바뀌기 어렵겠지만 마음속으로 생각하면서 좋은 태도로 점차 바뀌게 된다는 말이었다.

　　그 후부터 나는 인내심을 갖고 딸과 대화하려고 노력했다. 그리고 솔직하게 딸에게 사과했다. "지혜야, 너를 어려서부터

　　　　　　　　성품의 리더가 세상을 바꾼다

훈육시키지 못해서 미안해. 하지만 이제 알았으니 지금이라도 노력하자."

성품훈련 3년째로 접어드는 요즈음 나는 딸에게 성품훈련을 하면서 어떤 변화를 느꼈는지 물어보았다. 그랬더니 "엄마, 저 많이 달라졌어요"라고 대답하는데, 그 말을 하면서 자기 자신도 만족한 듯 자신감에 차 있었다. 처음에는 습관과 행동을 바꾸는 것이 힘들었지만, 지금은 달라진 딸이 스스로도 자랑스럽다고 느끼는 것 같다.

지혜의 잘못된 성품을 고쳐 주기 위해서 나는 하나님께 많이 기도했다. 그리고 훈육할 순간을 잘 포착했다. 한번은 딸이 물건을 내게 가지고 오는데 공손한 태도를 취하지 않았다. 그래서 다시 공손한 태도로 물건을 가지고 오라고 반복해서 10회 훈련을 실시했다. 처음에는 장난처럼 되풀이했는데 5, 6회가 넘어서자 어느새 우리 둘은 눈물을 흘리고 있었다. 지혜의 눈물은 진심으로 뉘우치는 눈물이었고, 내 눈물은 지혜가 좀더 어렸을 때 지도해 주지 못한 아쉬움과, 반항심 많은 사춘기 나이인데도 의지적으로 부모에게 순종하는 딸에 대한 고마움의 눈물이었다. 그 뒤로 대답하는 훈련, 경청하는 훈련 등 지금도 여전히 우리는 훈련 중이다.

특별히 많은 시간에 걸쳐 훈련한 것은 '존댓말 사용'이었다. 나는 지혜에게 매주 존댓말을 얼마나 사용했는지 평가하고, 다음 주는 얼마나 더 할 수 있는지 스스로 정하게 했다. 특별히 놀라울 정도로 달라진 것은 지혜에게 가장 연약했던 부분인 동생과의 관계였다. 진심으로 동생에게 좋은 말을 하고 동생을 배려하는 지혜의 마음을 느끼는 순간, 나는 우리 가정에 성품훈련을 허락하신 하나님께 감사를 드렸다.

하나님 말씀과 성품을 내용으로 하는 CCC 홈스쿨링 교재로 영어를 배우면서, 우리는 좋은 매너를 통해 하나님의 사랑을 다른 사람에게 전할 수 있다는 것을 배웠다. 성품을 훈련하기 전에 우리의 삶은 복음전도 따로, 실천 따로인 이원화된 삶이었다. 그런데 성품훈련을 하면서 많은 것을 깨닫고 배우게 되었다. 우리는 성품훈련을 하는 미국 선교사 가정의 일곱 살 어린아이의 경청하는 태도를 보고 매우 놀랐고, 열두 살짜리 아이가 당당하게 발표하고, 어른처럼 커다란 카메라를 들고 책임있게 촬영하는 모습을 보고 큰 충격과 도전을 받았다.

둘째 아이 창순이는 5학년 때 성품훈련을 처음 접하고 6학년 때 집에서 홈스쿨링을 시작했다. 홈스쿨링을 시작하게 된 가장 큰 동기는 공교육을 하면서 성품훈련을 한다는 것에 한계를 느꼈기 때문이다. 아이들이나 나나 시간이 부족해서 이리저리 쫓기다 보니 성품에 관련된 대화도 제대로 못하게 되었다.

 성품의 리더가 세상을 바꾼다

"엄마, 저 많이 달라졌지요?"
습관과 행동이 변화되어 진정으로 마음이 전달되는 대화를
할 수 있게 되었다. 성품훈련은 우리 가족에게 '화목'을 선물해 주었다

이런 생활을 1년 정도 하고 나니 이래서는 안 되겠다는 생각이 들었다. 게다가 사춘기 딸을 경험한 부모 입장에서 한 살이라도 어릴 때 성품훈련을 시작하는 것이 중요하다는 것을 알고 있었기 때문에 더 이상 시간을 끌 수가 없었다. 지식은 언제든지 가질 수 있지만, 성품은 그 시기가 지나면 어렵다는 것이 내 판단이었다.

헌신을 결심하고 성품훈련을 위한 홈스쿨링을 시작했지만, 아침에 일어나서 자기 전까지 우리 안에는 고쳐야 할 나쁜 습관들이 너무 많았다. 엄마인 나도 완전한 성품이 아니라서 하나님 아버지께 늘 성품지도를 받아야 했다.

우리는 작은 일부터 시작했는데, 다행히 둘째인 창순이는 엄마를 잘 따르는 편이어서 지도하기가 편했다. 지금은 창순이도 중학교 1학년이라 가끔씩 반항할 때가 있다. 그러나 금방 깨닫고 사과하며 잘못된 성품을 교정한다. 지금도 여전히 친구와 말다툼을 하지만 본인의 잘못이 무엇인지 안다.

우리는 성품훈련을 하면서 관계훈육도 부지런히 했다. 지금도 자기 전에 아이들을 꼭 안아 주고 기도해 준다. 성품훈련을 하기 전에 관계를 회복하는 일이 정말 중요하다. 우리 가정에서는 매일 성품점검표에 체크하면서 코노스 성품교육에 나가서 우리 가정의 성품 상황을 이야기하고 다른 가정과 이야기를 나눈다.

나는 성품훈련을 받고 난 후 이것을 교회의 더 많은 가정에 알리고 싶어서 교회에서 성품을 가르치고 있다. 매월 한 달에 한 번 부모 성품훈련을 하고, 그 부모의 어린이들은 매주 점검표를 작성해 오게 한다. 대부분의 부모들은 자녀들이 초등학교 4, 5학년만 되어도 자녀들을 힘들어한다. 그래도 부모들이 성품에 관심을 기울이고, 부모나 자녀의 성품 교정을 위해 노력하는 가정은 서서히 변해 가는 것을 볼 수 있다.

우리 가정은 온 식구가 성품 형성에 지장을 주는 컴퓨터 오락을 하지 않기로 결정했다. 그 이유는 창순이가 폭력적인

성품의 리더가 세상을 바꾼다

오락을 하고 나서 흥분하는 것을 어떻게 하면 좋을지 고민하면서 창순이와 대화를 나눈 결과였다. 창순이는 자기 친구 중 한 명이 밤늦은 시간까지 혼자 있을 때가 많았는데, 그 시간에 컴퓨터 유료게임에 중독되어 오락비로 30만 원이 나와 엄마한테 혼났다는 이야기를 듣고 스스로 그렇게 결심한 것이다. 고맙게도 자녀들이 컴퓨터 오락을 하지 않기로 결심하자, 가끔씩 오락을 하던 아빠도 자녀들에게 본이 되어야겠다는 마음으로 오락을 그만두게 되었다.

자녀의 성공적인 미래를 위해 기꺼이 헌신하는 부모와 그런 부모를 신뢰하고 순종하는 자녀가 있을 때, 우리는 성품훈련을 통해 신의 성품에 참예할 수 있다. 나는 성품훈련이야말로 인생의 진정한 성공이라고 생각한다.

아빠: 성품훈련을 한다는 게 말처럼 쉬운 것은 아닙니다. 그러나 끝까지 인내하고 노력하면 좋은 결과가 있을 것입니다.

엄마: 성품훈련이 안 되는 아이는 없습니다. 일찍 시작할수록 좋지만 늦었다고 포기하지는 마세요. 부모와 자녀의 열정만 있다면 얼마든지 할 수 있습니다.

지혜: 성품에 관해 배우면서 부모님의 사랑을 느낄 수 있었어요. 힘들긴 했지만 그만큼 보람도 컸습니다. 부모님, 감사합니다.

성공 마인드로
살게 하라

　　　　　나는 홈스쿨 비전트립을 위해 텍사스주의 샌안
토니오라는 도시를 방문한 적이 있다. 이 도시는 가정과 교육
을 소중히 여기는 청교도 지도자들이 만든 도시로서, 현재까지
도 그 맥이 이어져 기독교 홈스쿨링을 하는 가정이 가장 많이
사는 곳이다. 우리 30여 명의 일행은 각 주의 기독교 교육현장
과 교회들을 방문하고 백악관도 방문하면서 많이 배우고 큰 도
전을 받았다. 그러나 가장 크게 도전받고 충격받은 것은 각자
흩어져서 홈스쿨링을 하는 가정에 2, 3일씩 머물면서 그들의
생활을 엿보고 자녀교육을 직접 체험한 것이다. 2주 동안 여러
주를 돌면서 20여 가정을 방문했는데, 우리가 택한 가정들은

재벌 사업가, 유능한 정치가, 법률가, 목회자, 일반 직장인, 은퇴자 등 다양한 계층의 사람들이었다.

　만나는 가정마다 한결같이 느껴지는 것은, 모두가 너무 평화롭고 사랑스러우며 신실하고 예의 바르게 최선을 다해 방문객들을 맞이하고 대접한다는 것이었다. 어른들뿐만 아니라 아이들도 그런 태도가 몸에 배어 있었다. 우리가 방문한 크리스천 가정들은 하나님이 주시는 대로 될 수 있으면 많은 자녀를 낳았다. 그래서 적게는 다섯 명에서 많게는 열두 명까지 자녀를 두었는데, '아이들을 어떻게 저렇게 품위 있고 친절하며 사랑스럽게 키울 수 있을까?' 하는 것이 우리 일행 모두에게 든 공통된 느낌이었다. 그리고 우리는 그 성공의 비밀이 바로 하나님 나라 가치 교육과 성품훈련에 있다는 것을 자연스럽게 알 수 있었다.

　우리가 방문한 가정의 자녀들이 모두 하나같이, 자신들의 부모가 하나님 나라 가치로 가정에서 교육시켜 준 것이 얼마나 감사한지, 그것이 얼마나 인생에 큰 축복을 가져다 주는지에 대해 열정적으로 이야기해 주었다. 그래서 여행을 마치고 돌아올 때는 함께 갔던 모든 가족들이 평생을 하나님 나라 가치로 교육하며 배우기로 결정하게 되었다. 하나님의 축복을 받고는 싶으나 어떻게 하면 받을 수 있는지 방법을 몰랐던 사람들이 이제는 '그 비밀과 방법을 알게 되었다'는 느낌이 들었다.

　100년 전 이 땅에 복음의 씨를 뿌리기 위해 순교자를 보내셨던 하나님께서 이제 세계 속에 이 나라와 민족을 세우려고 부르신다. 이제 우리는 하나님 나라 가치로 세상을 바꿀 다음 세대를 준비시켜야 한다. 우리가 지금 하나님 나라 가치로 이 세상에 영향력을 미치지 못한다면, 세상이 그들의 가치와 삶의 방식으로 우리를 제자화할 것이다. 우리는 우리의 자녀를 하나님 나라 가치로 양육하여 세상의 일곱 개 산, 즉 교회·가정·교육·정치·비즈니스·문화·스포츠의 산을 이끌어 갈 지도자로 양성해야 한다.

　우리의 자녀가 이 일곱 개의 각 분야에서 국제 수준의 경쟁력을 갖춘 지도자로 서게 될 때, 이 세상은 파워풀하게 바뀔 것이다!

성품의 리더가 세상을 바꾼다

보라 자식들은 여호와의 기업이요 태의 열매는 그의 상급이로다

시편 127편 3절

삶을 풍요롭게 하는
20가지 성품 정의

경청 자세히 듣고 주의 깊게 관찰하는 것
방 법 | 1. 바른 자세로 듣는 것 2. 얼굴을 보며 듣는 것 3. 하던 모든 일을 놓고 상대방에게 집중하는 것 4. 상대방의 말에 반응하며 듣는 것 5. 상대방의 말을 요약하며 듣는 것

순종 나를 책임지고 있는 사람들의 현명한 지시를 즉시 기꺼이 수행하는 것
방 법 | 1. 즉시 2. 기쁘게 3. 조건 없이 4. 완전하게 5. '예' 하고 대답함
순종해야 할 대상 | 하나님, 부모님, 다른 권위자들, 나라의 정치가들, 선생님, 나를 돌봐 주는 사람들

질서 모든 것이 제자리에 있는 상태
방 법 | 1. 하나님의 창조 원리와 규칙을 아는 것 2. 자기 주변을 정리정돈하는 것 3. 단계를 논리적 순서에 따라 배열하는 것 4. 주제별로 분류하고 조화시키는 것 5. 규칙과 일관성의 중요성을 이해하는 것

인내 불평 없이 기다리는 것
방 법 | 1. 차 시간이나 차례를 기다리기 2. 약속 지키기 3. 성장을 기다리기 4. 기술을 배우기 5. 어려운 상황에서도 불평하지 않기

용기 위험하고 두려운 일이라 할지라도 옳은 일을 하는 것
방 법 | 1. 소심함과 신중함의 차이점을 아는 것 2. 빠르고 정확하게 위험 요소를 해결

성품의 리더가 세상을 바꾼다

하는 것   3. 진실하고 깨끗한 양심을 지키는 것   4. 옳은 일을 위해 기꺼이 희
생하는 것

청지기 하나님이 우리에게 맡겨 주신 모든 것을 남용하지 않고 책임 있게 관리하는 것

방 법 | 1. 하나님께서 우리에게 주신 것을 올바로 인식하고 하나님의 영광을 위해 그것을 계발하는 것   2. 우리의 신체를 건강하게 관리하는 것   3. 돈과 소유물을 낭비 없이 관리하는 것   4. 재능과 능력을 최대한 계발하고 효율적으로 사용하는 것   5. 시간을 효율적으로 사용하는 것   6. 천연자원을 잘 계발하고 효율적으로 사용하는 것

신뢰 어떤 사람 또는 어떤 것에 대한 강한 믿음이나 확신을 갖는 것

방 법 | 1. 누구 또는 어떤 것을 신뢰할 수 있는지 구별하기   2. 신뢰할 수 있는 누군가에 대해 관대해지기   3. 신뢰할 수 있는 누군가가 하는 말을 믿기   4. 하나님의 말씀이 진리라는 것을 믿고 그대로 따르기

책임감 주어진 시간과 방법으로 맡은 일을 완수하는 것

방 법 | 1. 주어진 일을 완수하는 것   2. 우리의 도움이 필요한 다른 사람들을 도와주는 것   3. 나의 권위자나 내가 돌봐야 하는 사람들이 기대하는 것을 실행하는 것   4. 무책임한 행동을 하지 않는 것

지혜 바르게 선택하는 능력

방 법 | 1. 현명한 행동과 어리석은 행동의 차이를 아는 것   2. 자연과 사람에게서 늘 배우는 것   3. 말을 조심하는 것   4. 정보를 올바르게 사용하는 것   5. 리더와의 분쟁을 피하는 것   6. 지혜로운 친구를 사귀는 것

충성 매우 헌신하는 것

방 법 | 1. 관계 안에서 헌신의 중요성을 이해하는 것   2. 내가 섬기는 사람들을 신뢰하

고 헌신하는 것   3. 하나님, 가족, 교회, 국가, 배우자, 자신의 리더, 친구들에게 헌신하는 것

신중함 실수하지 않고 통찰력을 얻기 위해 말과 행동을 조심스럽게 선택하는 것

방 법 | 1. 깊이 생각하기 2. 깊이 살피고 정확하게 선택하기 3. 상대방의 입장을 고려하며 주의 깊게 말하기 4. 미리 준비하여 체계적으로 행동하기

결단력 어려운 상황에서도 올바른 목표를 성취하기로 결정하는 능력

방 법 | 1. 목표와 기준을 명확히 하기 2. 가치 있고 성공적인 선택이 무엇인지 생각하기 3. 결정했던 일에 어려움이 생겨도 받아들이기 4. 어려운 결단을 피하지 않고 도전하기

융통성 사정과 형편에 따라 적절하게 일을 처리하는 능력

방 법 | 1. 자기만의 고집이나 감정에 빠지지 않기 2. 다른 사람의 존재가치를 인정하고 받아들이기 3. 모든 상황을 긍정적으로 바라보기 4. 변화하는 여러 가지 상황을 받아들이기

분별력 세상의 형편에 대하여 옳고 그른 것을 판단하고 구별하는 능력

방 법 | 1. 나서야 할 때와 가만히 있어야 할 때를 구분하기 2. 경청하고 깊이 생각해 본 후 판단하기 3. 주변 상황을 주의 깊게 살핀 후 정확하게 판단하기 4. 앞으로 일어날 일이나 결과를 미리 예측하기

자신감 어떤 일을 뜻한 대로 이룰 수 있다고 믿는 굳센 마음

방 법 | 1. 어려운 일에 도전해 보기 2. 남에게 잘 보이려는 마음을 버리기 3. 실수를 두려워하지 않기 4. 성공의 경험을 많이 하고 칭찬받기

성품의 리더가 세상을 바꾼다

창의성 새로운 관점에서 새로운 생각을 전개하고 만들어낼 수 있는 능력

방 법 | 1. 새로운 것을 보거나 새로운 생각을 많이 하기 2. 어려운 문제라도 계속 해결 방법을 지속적으로 찾기 3. 한 번도 경험한 적 없는 새로운 일을 시도해 보기 4. 여행을 하거나 새로운 곳을 방문하기

정직 마음에 거짓이나 꾸밈없이 바르고 곧음

방 법 | 1. 남의 물건이나 지위를 탐내지 않기 2. 옳고 그른 일이 무엇인지 분별하고 옳은 일을 선택하기 3. 진실하고 깨끗한 양심을 가지기 4. 거짓말을 하거나 남을 속이지 않기 5. 정해진 법규나 다른 사람과의 약속을 지키기

성실 밖에서나 안에서나 변함없이 진실한 태도를 유지하는 것

방 법 | 1. 명확한 목표를 세우고 실행하기 2. 쉬운 것부터 조금씩 실행해 나가기 3. 힘들다고 포기하지 않고 끝까지 하기 4. 생각하고 반드시 행동하기

겸손 남을 존중하고 높이며 자기를 내세우지 않고 낮추는 태도

방 법 | 1. 어려운 사람을 돕기 2. 다른 사람 말을 경청하며 감사를 표하기 3. 자신을 내세우지 않고 다른 사람을 존중하고 세워 주기 4. 약점을 인정하고 실수에 대해 용서 구하기

절제 감정적 욕구를 제어하거나 어떤 일을 알맞게 조절하여 제한하는 것

방 법 | 1. 계획을 세워 규칙적으로 생활하기 2. 시간을 정해놓고 하고 싶은 일을 하기 3. 화가 날 때 한 번 더 생각하기 4. 지나친 욕심이나 집착을 가지지 않기

삶을 풍요롭게하는 20가지 성품 정의

성품 지도자 과정

본 과정은 교사 및 부모들이 유아와 아동, 청소년들의 다양한 성품을 계발하여 그들이 스스로 문제를 해결하고 사회 경쟁력을 갖추도록 돕는 성품 지도자 과정입니다. 세계적인 경쟁력을 갖춘 차세대 리더를 키우고자 하는 분들은 본 과정을 통해 뛰어난 성품 지도자가 되어, 어린이들을 학교와 가정, 사회에 기여하는 탁월한 성품의 리더로 기를 수 있습니다.

● 과정 특징

폴정 박사(한국 유일의 마스터 코치-MCC)와 우수명 코치(전문코치-PCC)가 지난 10여 년간 미국의 성품기관과 단체들, 성품 지도자들과 함께 연구하고 임상한 주요성품들을 단계별로 훈련할 수 있도록 체계화한 한국 최초의 통합적인 성품 프로그램입니다. 학습은 토의, 문답, 체험, 역할놀이, 가치명료화, 실생활 적용 등 흥미와 재미를 유발하는 다양한 방법을 통해 자연스럽게 습관화되도록 진행됩니다. 학교나 가정, 단체에서 수준별로 나뉜 24가지의 성품을 월 1가지, 1년 총 8가지씩 3단계로 학습하도록 구성되어 있습니다.

● 기대 효과

• 아동과 청소년의 학교생활과 인간관계에 필요한 주요 성품들이 계발된다.
• 자신의 양심의 소리를 듣고 옳고 그름을 구별하는 능력이 계발된다.

- 내적 훈련을 통해 생각과 말, 행동과 태도를 조절하는 능력이 계발된다.
- 자아 존중감, 자기통제력, 교우관계, 사회성이 향상된다.
- 다양한 성품계발을 통해 문제해결능력과 사회경쟁력이 향상된다.
- 세계 어디서나 발휘할 수 있는 월드클래스 리더십의 역량을 갖추게 된다.

● 과정 단계

- 1단계 : 유아 및 초등 저학년
- 2단계 : 초등 3-4학년
- 3단계 : 초등 5-6학년, 중 · 고등학생, 성인

1단계 유아 및 초등 저학년 학생들의 인성의 기초를 이루는 핵심적인 성품훈련

▶ 경청, 순종, 질서, 배려, 용기, 정직성, 책임감, 창의성

2단계 주니어의 사회 적응력과 밸런스, 인간관계를 발전시키는 성품훈련

▶ 인내, 신중함, 성실성, 신뢰, 솔선, 자신감, 존중감, 협동

3단계 고학년과 성인이 조직과 사회에서 탁월한 리더십을 발휘하게 하는 성품훈련

▶ 지혜, 분별력, 결단력, 융통성, 절제, 겸손, 포용력, 사랑

참고문헌

Bradley, Reb, *Child Training Tips*. California: Family Ministies Publishing, 2002.

Hulcy, Jessica & Autrey, Sharie, *Orderliness-Konos Character Curriculum*.

Thaxton, Carole & Hulcy, Jessica, *Konos Character Curriculum*(volme Ⅰ, Ⅱ, Ⅲ).

Power True Success. *Institute in Basic Life Principles*.

우수명, 《사랑 행복 여성리더십》, 서울: 아시아코치센터, 2010.

정진우 · 우수명, 《부모코칭》, 서울: 아시아코치센터, 2007.

리차드 & 힐드브랜드, 《자녀를 성공시키는 부모의 기도》, 편집부 역, 서울: 도서출판 NCD.

길버트 비어스, 《나는 하나님 성품의 아이가 되고 싶어요》, 편집부 역, 서울: 도서출판 NCD, 2005.

노옴 웨이크 필드 외, 대안학교 홈스쿨 세미나 테이프, 서울: 도서출판 NCD.

리사 웰첼, 《홈스쿨 이렇게 시작하세요》, 편집부 역, 서울: 도서출판 NCD, 2004.

미국품성개발원, 《진정한 성공의 길-품성의 가정을 새우는 비결》, 서울: 한국품성개발원.

브래들리 볼러, 《하나님이 디자인하신 비전의 아이로 키우기》, 편집부 역, 서울: 도서출판 NCD, 2003.

알랜 카든, 《청교도 정신》, 박영호 역, 서울: 기독교문서선교회, 1993.

폴 루이스, 《내 아이가 꼭 알아야 할 40가지 지혜》, 최종훈 역, 서울: 도서출판 디모데, 1999.

헨리 클라우드 & 존 타운센트, 《No! 라고 말할 줄 아는 자녀양육》, 이기섭 역, 서울: 좋은씨앗, 2001.

심수명, 《탁월한 자녀를 만드는 특별한 교육법》, 서울: SFC출판부, 2005.

심수명, 《축복받는 아이, 비전의 사람으로 키우려면》, 서울: 한밀상담연구소.

이소희, 《기독교적 관점에서 본 아동발달과 양육》, 서울: CUP, 2002.

현용수, 《부모여, 자녀를 제자 삼아라》, 서울: 아름다운세상, 2002.